COLLECTION

Victorien Sardou

Bibliothèque
1re Partie

BIBLIOTHÈQUE DE FEU M. VICTORIEN SARDOU

PREMIÈRE PARTIE

LIVRES ANCIENS

RARES ET PRÉCIEUX

VOIR L'ORDRE DES VACATIONS A LA FIN DU CATALOGUE

CONDITIONS DE LA VENTE

La vente se fait au comptant.

Les acquéreurs paieront 10 pour 100 en sus des enchères.

Les livres vendus devront être collationnés dans les vingt-quatre heures de l'adjudication. Passé ce délai, il ne seront repris pour aucune cause.

M. LECLERC se réserve la faculté, dans l'intérêt de la vente, de réunir ou de diviser les numéros du catalogue. Il remplira les commissions qu'on voudra bien lui confier.

Les livres, composant ce catalogue, pourront être examinés à la LIBRAIRIE HENRI LECLERC, 219, rue Saint-Honoré, du lundi 10 au mercredi 19 mai, de 2 heures à 6 heures.

Exposition, dans la salle où aura lieu la vente, le lundi 24 mai, de 2 heures à 5 heures.

CATALOGUE

DE LA

BIBLIOTHÈQUE

DE

FEU M. VICTORIEN SARDOU

de l'Académie française.

PREMIÈRE PARTIE

LIVRES ANCIENS, RARES ET PRÉCIEUX

LIVRES AUX ARMES DE PERSONNAGES CÉLÈBRES
LIVRES ILLUSTRÉS DU XVᵉ AU XVIIIᵉ SIÈCLE
RECUEILS DE COSTUMES, ETC.

PARIS

LIBRAIRIE HENRI LECLERC

219, RUE SAINT-HONORÉ, 219
ET 16, RUE D'ALGER

1909

Si par *bibliophile* on entend, avec un peu trop d'habituelle complaisance, le délicat, patient et rusé collectionneur qui guette le livre rare et lui fait partout la chasse et, une fois qu'à prix d'or ou pour le morceau de pain, il l'a enfin découvert, rentre en le pressant contre son cœur, s'enferme dans sa chambre, et là commodément s'asseoit, s'installe pour en jouir pendant des heures, le renifler, le caresser, le frotter, lui parler, le manger des yeux dans tous les sens, de plats et de dos, l'entr'ouvrir du bout des ongles et ne presque pas le lire, si ce n'est deux lignes par-ci par-là, et puis le ranger dans un tabernacle d'ébène et l'y enfoncer avec une religieuse lenteur entre d'autres divins exemplaires qui veulent bien se serrer pour lui faire une petite place… à ce compte, oui, Victorien Sardou, bien qu'il possédât quatre-vingt mille volumes, ne fut pas *bibliophile*, car il ne travaillait guère dans le flâneur et le langoureux. Même assis il n'arrêtait pas de bouger. Il était né *debout*, remuant et pressé ; il allait vite et droit à travers toutes choses sans avoir le temps de muser et de baguenauder dans l'herbe pour effeuiller la pâquerette ou chercher le trèfle à cinq feuilles. Mais si l'on veut bien se donner la peine de comprendre qu'il y a cent autres manières, qui sont sans doute les bonnes, d'être bibliophile, et que l'on peut mériter cet honorable nom sans faire acte d'étroit collectionneur ou de maniaque intempérant, qu'il doit suffire pour cela d'aimer les livres à sa manière, n'eût-on même pas dix bouquins brochés sur un rayon de bois blanc, on accordera alors à l'illustre auteur qui avait tant écrit et tant lu, bien plus qu'à tel financier illettré ou à tel Turcaret de reliures, ce qualificatif dangereux et envié de bibliophile.

Oui, Sardou le fut. Mais comment? Comme il devait l'être. En curieux rapide, dévorateur, exigeant et passionné. Le livre n'était pas pour lui un but, un prétexte à briller dans le monde, mais un moyen, un moyen de parvenir à la source sûre, cachée, au renseignement ignoré, à la documentation rigoureuse, abondante, pittoresque et dramatique. Tout ce que Sardou a fait dans sa vie en dehors de ses pièces, il l'a fait « en entr'acte », comme s'il n'avait que dix minutes, et qu'il fût sous le coup de la grésillante sonnette, et cela sans jamais s'éloigner ni se détacher du théâtre. Qu'il s'occupât de quoi que ce soit qui semblait en apparence absolument étranger à la scène, on s'apercevait bientôt que cette besogne, ou cette distraction, s'y rattachaient toujours par un solide lien. Il ne quittait les planches que d'un pied. Sa bibliothèque fut donc une bibliothèque particulière, incroyable, professionnelle, et qui ne ressemblait à aucune autre, tout comme lui-même, le bibliothécaire, n'était, par l'originale et éclatante puissance de son talent et la saveur exceptionnelle de sa nature, comparable à personne sur terre. Quel genre exclusif de livres possédait Sardou? Tous les genres. Son cerveau d'encyclopédiste les réclamait. Il n'avait besoin jamais que d'une chose : tout savoir. Sans quoi il était mécontent. Aussi avait-il, avec un acharnement fougueux, entassé depuis quarante ans dans les greniers de Marly, les milliers d'ouvrages que plusieurs longues ventes vont disperser. Il tenait ces trésors jalousement enfermés, en en gardant toujours dans sa chambre ou sur lui la clef. Ses amis les plus intimes, les plus sûrs, ses proches même, n'étaient point admis sous ses combles sacrés. Tout au plus arrachaient-ils, une fois par hasard, en de grandes circonstances, la permission de jeter par la porte entre-bâillée un furtif regard, ou de franchir le seuil de quelques pas pour pouvoir raconter dans les dîners en ville *qu'ils y étaient entrés*.

Au dire d'un de ceux qui avaient obtenu la royale faveur de parcourir ces galeries, elles offraient un spectacle inoubliable et ravissant d'inattendu auquel on aurait cependant bien dû s'attendre, car en vérité la bibliothèque du châtelain de Marly, logée dans les greniers qui sont déjà, sous la calotte du toit, comme la tête de la maison, pouvait-elle — je vous le demande — ne pas présenter l'image même du vaste cerveau de Sardou rempli, bondé (au point d'en paraître au premier abord encombré), d'idées, de dossiers, plans, projets, études, devis, mémoires, lexiques, dictionnaires, catalogues, atlas, correspondances, journaux et documents de toutes sortes? Était-il concevable que les livres de l'auteur des *Pattes de mouche* fussent casernés dans des vitrines, et alignés à la prussienne, classés, rangés, bien en ordre, essuyés et époussetés comme une armée de tout repos dont pas un troupier ne sort jamais du rang? Allons donc ! Pour être adéquate à son turbulent maître il fallait de toute évidence que cette bibliothèque fût au contraire un prodigieux et émouvant chaos, un tohu-bohu de lettres et de sciences, une brousse de papiers étonnants, rarissimes, piquants, scandaleux, une espèce de vaisseau de Robinson aux inépuisables flancs duquel on n'a qu'à venir à n'importe quel moment pour y trouver de tout, même ce qu'on ne cherche pas, et le trouver dans le plus hétéroclite des mélanges, pareil à celui que présente la vie qui s'y entend mieux que les plus forts régisseurs à une truculente *mise en scène*, c'est-à-dire : du pain à côté d'une pierre, des légumes près d'un sac de piastres, du riz mêlé à des perles, une brochure de deux sous, mais qui avait sa raison d'être, mariée à un in-folio de deux cents louis, un cartonnage à fleurettes du temps de la foire Saint-Ovide coquettant avec les dentelles d'un Clovis Ève. La première fois qu'en vertu des pouvoirs qui lui avaient été confiés le libraire M. Leclerc, se trouva seul au milieu de ce monceau de curiosités où abondaient des richesses qui ne cherchaient pas à se faire prétentieusement valoir, il eut l'exacte et saisissante impression qu'il entrait dans le cabinet de travail, dans le magasin de décors, de costumes et d'accessoires du maître tel qu'il était resté depuis qu'au cours des années, à toute minute, celui-ci, sa clef à la main, la toque un peu de travers, la lèvre et le sourcil contractés par la tension de la pensée, était entré, vif et décidé, souple comme un voleur, pour aller tout droit, à travers des tas renversés et des piles croûlantes, mettre chaque fois l'œil et le doigt sur le bon numéro dont il avait le besoin urgent et césarien...

« Voilà... telle page, à tel endroit... Hippocrate dit bien telle chose.

J'ai mon affaire ! », et le livre est aussitôt rejeté, comme désormais inutile et bon à rien. Mais ramassez-le maintenant et regardez? Vous verrez que c'est l'exemplaire même de Rabelais, avec sa signature... Tout Sardou est là. Du document précis dans de riches atours auxquels il ne tenait au fond que parce qu'ils enveloppaient le document. Jamais possesseur de trésors ne fut moins Carabas que cet homme simple et sans morgue au milieu de toutes les belles choses dont il ne lui venait même pas à l'esprit et encore moins au cœur de tirer la plus légère vanité. Mais une fois qu'il nous eut quittés, et que la clef du grenier de Perrault fut tombée de ses mains agiles, il fallut bien se rendre compte que ce trop modeste et discret Mazarin avait entassé des merveilles dont lui, ne soupçonnait pas le prix. Tous ces livres posés ou empilés çà et là, au hasard de la recherche, abandonnés dans la mêlée du travail et du combat, M. Leclerc, avec autant de respect que de goût et de méthode, les a réunis, catalogués, groupés par ordre de valeur et mérite de rareté et, au fur et à mesure qu'il opérait son classement, le bonheur des trouvailles incessantes qu'il faisait le remplissait d'une mélancolique joie. On peut dire qu'il n'avait qu'à se baisser. Il trouvait superbement reliés aux armes de Henri III, un Tacite infolio, et les Sermons de Musso avec les fleurs de lys, la tête de mort et le *spes mea Deus* : Martial annoté par Malherbe ; Hérodote annoté par Racine ; Sannazar, exemplaire portant sur la reliure le nom d'Étienne Dolet et annoté par Béraud, son maître d'éloquence latine : le Brantôme de Mme Adélaïde et le Corneille de Mme de Pompadour, en maroquin, et à leurs armes ; les œuvres du philosophe Sans-Souci, dans une admirable reliure peinte et en mosaïque aux armes de Marie Leczinska ; la Topographie de Chastillon, les Actes de la Conférence d'Évreux dans une reliure de Clovis Eve, au chiffre de Sully, les Grands et les petits voyages de De Bry, le Daphnis et Chloé avec les figures du Régent, habillé d'une délicieuse reliure de maroquin blanc mosaïquée de fleurs, et encore les atlas à grandes dentelles de Mme de Pompadour, les Fables de La Fontaine d'Oudry, les chansons de Laborde, la Description manuscrite des cérémonies du mariage de Marie-Antoinette, les douze livres d'Amadis de Gaule, tous ces ouvrages en magnifique état de reliure du temps. Et que d'étourdissantes curiosités aussi ! les cris de Paris, de Watteau, la suite complète du Cabinet des Modes de Duhamel, par Lebrun, en ancien coloris, un recueil factice de planches de modes et de coiffures, la plupart extraites de la Grande Galerie, toute en coloris de l'époque, avec leurs si amusantes légendes... *la jolie femme en Circassienne de gaze d'Italie puce*, et *l'aimable Céphise en un lieu solitaire plongée dans une foule de réflexions par l'absence de celui que son cœur aime*, et *la minaudière Henriette avec son toutou chéri* et *la jeune nymphe provoquant le plaisir*, et *la fausse boudeuse*... toutes enfin, guère dissemblables, avec leurs grands chapeaux de soie et de fleurs et leurs falbalas de soie, de nos Parisiennes du jour... et c'était encore des reliures précieuses, ou historiques... le portefeuille de Fabre d'Eglantine, des almanachs de la Révolution... Je n'en finirais pas. Il faut s'arrêter... et laisser parler l'expert, crier le crieur, laisser le marteau si léger et si lourd, suspendu longtemps, retomber tout à coup, comme un épervier, comme une pierre, sur le bord du petit tribunal fatidique!... *Habent sua fata... libri!* Aussi bien, moi-même, il fut un moment quand, avec M. Leclerc, je passai en revue tous ces beaux livres attristés, où j'eus la subite impression qu'ils étaient morts ou du moins assoupis depuis qu'ils avaient quitté les vieux greniers de Marly-le-Roi. Qui vont-ils trouver après leur bon tyran, l'intermittent et rude maître qu'ils chérissaient — ainsi que des femmes — pour le cordial sans-gêne avec lequel tout en les aimant, il les secouait ? Ah ! quel que soit leur seigneur paisible et heureux de demain, il leur fera souvent regret, j'en suis sûr, de ne plus jamais sentir penché contre eux, son souffle glissant comme un baiser sur leurs feuillets jaunis, l'admirable et fin visage à la Debucourt, dont l'œil, ainsi qu'une aiguille, trouait leur papier ! Mais cette image un peu effacée de Sardou qu'ils auront gardée en eux, les nouveaux acquéreurs auront le bénéfice de la voir plus d'une fois passer hors texte et se profiler en marge dans les filigranes du Souvenir.

HENRI LAVEDAN.

CATALOGUE

DE

LIVRES ANCIENS

I. — LIVRES RELIÉS AUX ARMES DE ROIS, REINES, PRINCES ET PRINCESSES, DE PERSONNAGES ET BIBLIOPHILES CÉLEBRES.

A. — ROIS ET REINES DE FRANCE, PRINCES ET PRINCESSES DE LA MAISON DE FRANCE.

1. BOIARDO. Orlando innamorato composto gia dal S. Matteo Maria Boiardo conte di Scandiano, et hora rifatto tutto di nuovo da **M.** Francesco Berni intitolato al magnifico S. M. Domenico Sauli. Aggiunte in questa seconda editione molte stanze del autore che nelaltra mancavano. (A la fin :) *In Venetia per li heredi di Lucantonio Giunta, ne l'anno del signore,* 1545, pet. in-4 de 238 ff., mar. noir, plats couverts de comp. mosaïqués blancs et verts à la Grolier, semis de fleurs, médaillon au milieu avec croissants, dos orné, tr. dor. et ciselées (*Rel. anc.*).

Reliure au chiffre de **Henri II** et de **Diane de Poitiers** ; sa décoration est moderne.

L'exemplaire est incomplet des feuillets 11, 12, 13 et 14.

2. **MADRIGAL (Don Alonso de).** Las **XIIII** questiones del tostado, a las quatro dellas por maravilloso, estilo recopilato da la sagrada escriptura. Las otras diez questiones poeticas son acerca del linaje y sucession, delos dioses de los gentiles. Intituladas al illustrissimo y muy excelente señor don Pedro Fernandez de Velasco cōdestable de Castilla duque de Frias y conde de Haro, etc. *Imprimiose en Anvers en el unicornio dorado a costa de Martin Nucio,* 1551, pet. in-8, mar. olive, compart. de filets courbes. rinceaux et feuillages à petits fers sur les plats et le dos, tr. dor. (*Rel. anc.*).

> Reliure des Ève, bien conservée. Sur les plats et le dos se trouve, plusieurs fois répété, un monogramme formé des lettres H et C, qu'une note (à l'intérieur du volume) attribue à **Henri II** et **Catherine de Médicis.**

3. **MUSSO (R.-P. Corneille).** Les Sermons tres doctes et éloquens de très révérend P. Messire F. Corneille Musso, mis d'italien en françois, par Gabriel Chappuys, tourangeau. *A Paris, chez Guillaume Chaudière,* 1584, in-8, réglé, mar. vert, plats couverts de compart. de fil. droits et courbes, médaillon de la crucifixion, au milieu, dos orné, tr. dor. (*Rel. anc.*).

> Exemplaire de **Henri III.**
> Belle reliure d'une conservation parfaite ; le dos est orné des armes du roi, de sa devise et d'une tête de mort.

4. **TACITE.** Les œuvres de C. Cornelius Tacitus, chevalier romain, à scavoir les annales et histoire des choses advenues en l'empire de Rome depuis le trespas d'Auguste... Le tout nouvellement mis en françois avec quelques annotations... *A Paris, pour Abel L'Angelier,* 1582, in-fol. réglé, mar. olive, fil., semis de fleurs de lis sur les plats et le dos, tr. dor. (*Rel. anc.*).

> Exemplaire imprimé sur grand papier et relié aux armes de **Henri III,** roi de France et de Pologne.

5. **PLINIUS Cœc. Sec. (C.).** Epist. lib. IX. Ejusdem et Trajani imp. epist. amœbææ ejusdem Pl. et Pacati, Mamertini, Nazarii, panegyrici, item, Claudiani Panegyrici adjunctæ sunt Is. Casauboni notæ in epist... *Coloniæ Allobrogum, exc. Jacobus Stœr.,*

1610, in-16, mar. fauve, large dent. sur les plats et le dos, dent. int., tr. dor. (*Rel. anc.*).

> Remboîtage aux armes de **Louis XIII**.
> Titre découpé et doublé.

6. **QUINTILIANI** (M. Fabii) Institutionum oratoriarum libri duodecim. Summa diligentia vetustissimorum codicum recogniti, ac restituti... *Genève, ex typographia Jacobi Stoer*, 1625, in-8, mar. fauve, semis de fleurs de lis et de L couronnés, tr. dor. (*Rel. anc.*).

> Aux armes de **Louis XIII**; reliure bien conservée.

7. **SENECA.** L. Annaei Senecæ philosophi opera omnia quae extant. Ad veterum exemplariorum fidem quorum nomina inferius recensentur. A. J. Dalechampio castigata. A Th. de Juges recognita. *Genevæ, sumpt. Th. de Juges, excudebat Alexander Pernetus*, 1628, 2 tomes en 1 vol. in-fol., bas. fauve, dent., semis de fleurs de lis et d'L couronnés sur les plats et le dos, tr. dor.

> Aux armes et au chiffre de **Louis XIII**.

8. **JUVENALIS** (D. Junii) et A. Persii Flacci satiræ. Interpretatione ac notis illustravit Ludovicus Prateus... *Londini, Typis W. Sayes, impensis S. et J. Sprint*, 1707, in-8, mar. rouge, fil., dos orné, dent. int., tr. dor. (*Rel. anc.*).

> Aux armes et au chiffre de **Louis XIV**. Cachet effacé sur le titre.

9. **OFFICE DE LA SEMAINE SAINCTE** (L'), selon le missel et bréviaire romain, avec la concordance du missel et bréviaire de Paris. Ensemble l'explication des sacrez mystères représentez par les cérémonies de cet office, par Fr. Daniel de Cigongne. *A Paris, chez André Soubron*, 1651, in-8, mar. rouge, pet. dent., semis de fleurs de lis et de chiff. couronnés sur les plats et le dos, dent. int., tr. dor. (*Rel. anc.*).

> Reliure aux armes de **Louis XIV**, semée du chiffre couronné d'Anne d'Autriche.

10. **VERTRON** (De). Le Nouveau Panthéon, ou le rapport des

divinitez du paganisme, des héros de l'antiquité et des princes
surnommez grands, aux vertus et aux actions de Louis le Grand,
avec des inscriptions latines et françoises en vers et en prose,
pour l'histoire du roy, pour les revers de ses médailles... par
Monsieur de Vertron. *A Paris, chez Jacques Morel,* 1686, in-12,
mar. rouge, fil., fleurs de lis aux angles, dos fleurdelisé, dent.
int., tr. dor. (*Rel. anc.*).

> Exemplaire de dédicace aux armes de **Louis XIV.**
> Frontispice gravé dont le bas donne une vue du château de Versailles;
> 1 figure allégorique par *Sauvé.*

11. MÉDAILLES sur les principaux événements du règne entier
de Louis le Grand, avec des explications historiques (par Charpentier, Tallement, Racine, Boileau, etc.). *A Paris, de l'Imp.
royale,* 1723, in-fol., mar. rouge, fil., dos orné du chiffre de
Louis XV, dent. int., tr. dor. (*Rel. anc.*).

> Aux armes de **Louis XV.**
> Frontispice par *Coypel,* gravé par *Simonneau,* 318 planches de médailles,
> avec texte dans un encadrement gravé.
> La seconde médaille de la dernière planche a été coupée et les fleurs de
> lis des armoiries ont été grattées sur un des plats de la reliure.

12. OFFICE DE LA SEMAINE SAINCTE (L') à l'usage de la
maison du roy, conformément aux bréviaires et messels romain
et parisien, en latin et en françois, avec l'explication des cérémonies de l'église, et des instructions, prières et courtes réflexions
sur les mystères et offices que l'on célèbre dans cette semaine
sainte, par M. l'abbé de Bellegarde. *A Paris, de l'Imp. de Jacques
Collombat,* 1741, in-8, mar. rouge, plats couverts de compart.
de fil. droits et courbes et de fers au pointillé, dos orné et fleurdelisé, dent. int., tr. dor. (*Rel. anc.*).

> Aux armes de **Louis XV.**

13. PLINII (Caii) Secundi historiæ naturalis libri XXXVII, quos
interpretatione et notis illustravit Joannes Harduinus, e societate
Jesu jussu regis Christian. Ludovici Magni, in usum Sereniss.
Delphini. Editio altera emendatior et auctior. *Parisiis, typis Ant.*

Urb. Coustelier, 1723, 3 vol. in-fol., mar. rouge, fil., dos fleurdelisé, dent. int., gardes de papier doré, tr. dor. (*Rel. anc.*).

Bel exemplaire aux armes de **Louis XV.**
Le premier plat de la reliure du tome II est légèrement réparé.

14. **POINSINET.** Alix et Alexis, comédie mêlée d'ariettes, par
M. Poinsinet, représentée devant Sa Majesté à Choisi, le 6 juillet
1769. *A Paris, de l'Imp. de Ballard,* 1769, in-8, mar. vert, fil.
et pet. dent., angles ornés de fleurs de lis, de rocailles et de fers,
dos orné, tr. dor. (*Rel. anc.*).

Reliure très fraîche aux armes de **Louis XV.**

15. **RECUEIL DES FÊTES** et spectacles donnés devant Sa Majesté, à Versailles, à Choisy et à Fontainebleau, pendant l'année
1771. *S. l. (à Paris), de l'Imp. de P. Rob. Christ. Ballard,* 1771,
in-8, mar. rouge, fil., fleurs de lis aux angles, dos fleurdelisé,
dent. int., tr. dor. (*Rel. anc.*).

Aux armes de **Louis XV.**
Ce recueil comprend : LE JOURNAL des spectacles de la cour pendant l'année 1771. — SEDAINE. La Reine de Golconde, opéra en 3 actes. — MONDON-
VILLE. Les Projets de l'amour, ballet héroïque en 3 actes. — LAUJON. L'Amou-
reux de quinze ans, comédie en 3 actes, 1 figure par *Gravelot.* — MARMONTEL.
L'Ami de la maison, comédie en 3 actes. — SEDAINE. Le Faucon, opéra-
comique en un acte. — GOLDONI. Le Bourru bienfaisant, comédie en 3
actes. — MARMONTEL. Zémir et Azor, comédie-ballet en vers, en 4 actes.
Toutes ces pièces sont en ÉDITIONS ORIGINALES.

16. **SUITE ET ARRANGEMENT DES VOLUMES D'ESTAM-
PES,** dont les planches sont à la Bibliothèque du Roy. *A Paris,
de l'Imp. royale,* 1727, pet. in-fol. de 28 pp., mar. bleu, compart. de fil. à la Du Seuil, chiffre aux angles, dos orné, dent.
int., tr. dor. (*Rel. anc.*).

Aux armes et au chiffre de **Louis XV.**

17. **FRÉDÉRIC LE GRAND.** Œuvres du philosophe de Sans-
Souci. *Au Donjon du Chateau, avec privilège d'Apollon,* 1760,

in-8, veau blanc, plats couverts de fil. peints et dor., avec rocailles, dos orné et fleurdelisé, dent. int., tr. dor. (*Rel. anc.*).

Édition originale des œuvres du grand Frédéric, imprimée au donjon du
château de Berlin.
Belle et curieuse reliure de Dubuisson, très fraîche, aux armes peintes de
Marie Leczinska.
Elle est ornée, sur les plats et sur le dos de filets, de petits fers et de ro-
cailles dorés et d'ornements peints en rouge et en bleu.

18. PROPRE DE L'ORAISON (Le), ou prières utiles à tous chré-
tiens qui veulent travailler à leur salut. *A Paris, chez la veuve
Gab.-Ch. Berton,* 1763, in-12, mar. rouge, fil., fleurons aux
angles, dos orné, dent. int., tr. dor. (*Rel. anc.*).

Joli exemplaire aux armes de **Marie Leczinska,** femme de Louis XV.
Elles sont sur maroquin bleu.
Titre gravé et 4 figures par *Aveline.*

19. SAUVIGNY (De). Essais historiques sur les mœurs des françois, ou traduction abrégée des chroniques et autres ouvrages des
auteurs contemporains, depuis Clovis jusqu'à Saint-Louis, dédiés au roi par M. de Sauvigny. Tomes I et II. *A Paris, chez
Clousier,* 1785, 2 vol. in-4. — Recueil de lettres écrites sous la
première race de nos rois par des personnes considérables, rois,
reines, grands de l'État, papes, évêques, etc. (suite des Essais
historiques sur les mœurs des françois). *A Paris, à l'Imp. poly-
type, chez Clousier,* 1786, 2 tomes en 1 vol. — Ens. 3 vol. in-4,
mar. rouge, fil., dos orné, dent. int., tr. dor. (*Rel. anc.*).

Exemplaire de dédicace aux armes de **Louis XVI.**
Ces 3 volumes contiennent, ensemble, 3 frontispices gravés, dont 2 avec
le portrait de Louis XVI en médaillon et 83 planches gravées et coloriées
avec soin : costumes, monuments, médailles, monnaies, etc., etc.

20. ALMANACH ROYAL, année 1779. *A Paris, par Le Breton,*
1779, in-8, mar. rouge, fil., fleurs de lis aux angles, dos fleur-

delisé, doubl. et gardes de tabis bleu, dent. int., tr. dor. (*Rel. anc.*).

Exemplaire, imprimé sur GRAND PAPIER, aux armes, sur maroquin bleu, de Madame **Adélaïde**, fille de Louis XV.

21. **BRANTOME**. OEuvres du seigneur de Brantome. Nouvelle édition considérablement augmentée et accompagnée de remarques historiques et critiques (par J. Le Duchat, Ant. Lancelot et Prosper Marchand). *La Haye*, 1740, 15 vol. pet. in-12, port. et front., mar. rouge, fil., dos orné, tr. dor. (*Rel. anc.*).

Charmant exemplaire aux armes de Madame **Adélaïde**, fille de Louis XV.

22. GÉRARD (Abbé). Le Comte de Valmont, ou les égarements de la raison. Quatorzième édition ornée de gravures. *Paris, Masson et fils*, 1821, 6 vol. in-12, mar. rouge à longs grains, fil. et dent. dor. et à froid, dos orné, dent. int., tr. dor. (*Rel. de l'époque*).

Aux armes de **Madame Royale**, duchesse d'Angoulême.
6 figures par *Moreau*, gravées par *Delvaux*, *Trière*, *de Ghendt*, etc.
Le premier plat de la reliure du tome IV est un peu taché d'encre.

23. HUME (David). Histoire d'Angleterre : Maisons de Plantagenet et de Tudor (traduit par Mme Bellot). Maison de Stuart (traduit par l'abbé Prévost). *A Amsterdam et à Londres*, 1763-1767. — Ens. 6 vol. in-4, mar. rouge, fil., dos orné, dent. int., tr. dor. (*Rel. anc.*).

Bel exemplaire aux armes de la Comtesse d'Artois. Les reliures sont très fraîches.

24. SAINT-JORY (De). Avantures secrètes arrivées au Siège de Constantinople. *A Paris, chez la veuve Jombert*, 1711, in-12, mar. rouge, fil., dos orné, dent. int., tr. dor. (*Rel. anc.*).

Exemplaire de dédicace aux armes de la duchesse de **Berry**, fille du Régent ; il provient de la bibliothèque de Firmin Didot.

25. SAGE. Description méthodique du cabinet de l'École royale

des mines. *A Paris, de l'Imp. royale*, 1784, in-8, mar. rouge,
fil., dos orné et fleurdelisé, dent. int., tr. dor. (*Rel. anc.*).

Aux armes du duc de **Berry**. Le dos est orné du chiffre couronné de
Louis XVI.

26. MARIVAUX. Œuvres complettes de M. de Marivaux, de l'Académie françoise. *A Paris, chez la V*ve* Duchesne*, 1781, 12 vol.
in-8, portrait, mar. bleu foncé à longs grains, encad. de fil. à
froid, dos orné, doubl. et gardes de tabis rose, dent. int., tr.
dor. (*Bozérian*).

Bel exemplaire aux armes de la duchesse de **Berry**.

27. POGGE. Les Contes de Pogge, florentin, avec des réflexions
(attribuées à David Durand). *A Amsterdam, chez J.-F. Bernard*, 1712, pet. in-12, front. gravé, mar. rouge, pet. dent.,
dos orné, dent. int., tr. dor. (*Rel. anc.*).

Aux armes de la duchesse de **Berry** et avec son ex-libris à l'intérieur du
volume.

28. FALBAIRE DE QUINGEY. Œuvres de M. de Falbaire de
Quingey, inspecteur général pour le roi des Salines de Franche-
Comté, de Lorraine et des Trois-Évêchés. *A Paris, chez la veuve
Duchesne*, 1787, 2 vol. in-8, portrait, mar. vert, fil., dos orné,
dent. int., tr. dor. (*Rel. anc.*).

Aux armes de Louis-Henri Joseph de **Bourbon-Condé**, dit le duc de
Bourbon.

29. BEAUCHASTEAU (De). La Lyre du jeune Apollon ou la
Muse naissante du petit Beauchasteau. *Paris, Ch. de Sercy*,
1657, in-4, mar. rouge, plats entièrement ornés de compart.,
arabesques, dorure au pointillé et à petits fers, dos orné, tr.
dor. (*Rel. anc.*).

Exemplaire aux armes de **Christine de France**, fille de Henri IV et de
Marie de Médicis, et veuve de Victor-Amédée de Savoie. Il est recouvert
d'une très riche reliure.

Les armes de la princesse, mi-partie de France et Savoie, surmontées de la couronne royale et entourées de la cordelière de veuve, sont sur fond de mar. citron et rouge.

Les angles de la reliure sont en mar. citron, le milieu (sauf le cartouche) en mar. rouge, le tout recouvert d'une très riche dorure au pointillé et à petits fers, compartiments et fleurs de lis, exécutée dans le genre de Le Gascon.

L'ouvrage est orné de 28 portraits, gravés par *Frosne*, en belles épreuves, dont deux portraits différents de Victor-Amédée de Savoie. Brunet n'indique que 22 portraits.

Les tranches du volume ont été redorées et les gardes nettoyées.

30. **DANCHET.** Nitetis, tragédie, dédiée au roy. *A Paris, chez Charles Huet*, 1724, in-8. mar. rouge. fil., dos orné, dent. int., tr. dor. (*Rel. anc.*).

> Aux armes de Louis de **Bourbon-Condé**, comte de **Clermont.**
> 1 figure par *Coypel*, gravée par *Thomassin.*
> Ex-libris de M. de Fenille à l'intérieur du volume.

31. **VIRGILIUS MARO.** Opera, a Nicolao Erythraeo in pristinam lectionem restituta, et ad rationem ejus indicis digesta... *Lugduni, apud Paulum Frellon*, 1608, pet. in-8, mar. fauve. encad. de fil., dent. à petits fers et semis de fleurs de lis. dos orné et fleurdelisé, tr. dor. (*Rel. anc.*).

> Aux armes de la duchesse de **Longueville.**
> Les gardes sont modernes.

32. **DELAPORTE** (abbé). Le Voyageur françois, ou la connoissance de l'ancien et du nouveau monde. *A Paris, chez L. Cellot*, 1768-1769, 15 vol. in-12, mar. rouge, fil., dos orné, dent. int., tr. dor. (*Rel. anc.*).

> Aux armes de la Comtesse de **Provence.**
> Tomes 5 à 9, 12, 13, 15, 17, 18, 19, 20, 23, 24 et 26.
> Légère différence dans la reliure des 5 derniers volumes.

33. **OFFICE DE LA SEMAINE SAINTE (L'),** en latin et en françois, selon le missel et le bréviaire romain, et le nouveau missel et bréviaire de Paris... *A Paris, chez J.-B. Garnier*, 1752, in-8, mar. rouge. plats couverts de compart. de fil. droits et courbes

remplis de fers au pointillé, dos orné et fleurdelisé, dent. int., tr. dor. (*Rel. anc.*).

Aux armes et au chiffre de la dauphine **Marie-Josèphe de Saxe**, mère de Louis XVI.

34. HOUDAR DE LA MOTTE. Œuvres de Monsieur Houdar de La Motte, l'un des quarante de l'Académie françoise. *A Paris, chez Prault*, 1754, 10 tomes en 11 vol. in-12, mar. citron, fil., dos orné, dent. int., tr. dor. (*Rel. anc.*).

Aux armes de Madame **Sophie**, fille de Louis XV ; cet exemplaire provient de la bibliothèque de Firmin Didot.

35. CHOISY (abbé de). Histoires de Philippe de Valois et du roi Jean. *A Paris, chez Antoine Dezallier*, 1690, pet. in-4, mar. vert, fil., dos orné, dent. int., tr. dor. (*Rel. anc.*).

Exemplaire aux armes de Madame **Victoire**, fille de Louis XV, avec son ex-libris gravé à l'intérieur du volume. Fleuron sur le titre, vignette en tête de la dédicace et 6 jolies vignettes en tête des chapitres.

Les fleurs de lis des armoiries ont été très habilement redorées.

B. — PRINCES ÉTRANGERS, PERSONNAGES ET BIBLIOPHILES CÉLÈBRES (CLASSÉS PAR ORDRE ALPHABÉTIQUE).

36. ROLLAND. Recueil de plusieurs des ouvrages de Monsieur le Président Rolland, imprimé en exécution des délibérations du Bureau d'administration du collège de Louis-le-Grand des 17 janvier et 18 avril 1782. *A Paris, chez P.-G. Simon et N.-H. Nyon*, 1783, in-4, veau marb., fil., dos orné, tr. rouges (*Rel. anc.*).

Aux armes de François d'**Aligro**, comte de Maran, premier président au Parlement de Paris.

Ce recueil contient une grande planche pliée représentant le tableau trouvé en 1763 dans l'église des Jésuites de Billom, en Auvergne.

37. TABLETTES et etrenes (sic) généalogiques, historiques et

chronologiques, contenant la succession des papes, empereurs,
rois, ducs, comtes, etc... *A Paris, chez Le Gras*, 1748-49, 3 vol.
in-18, mar. vert, fil. et dent. à petits fers, dos orné, dent. int.,
tr. dor. (*Rel. anc.*).

> Armoiries de **Amanzi**, seigneur de Chaussailles (?), sur les plats de la
> reliure.
> Petites différences dans les reliures.

38. VOITURE. Œuvres contenant ses lettres et ses poésies, avec
l'histoire d'Alcidalis et de Zélide. Nouvelle édition augmentée
de la conclusion de l'histoire d'Alcidalis et de Zélide, et de plusieurs autres pièces. *A Paris, chez Claude Robustel*. 1729, 2 vol.
in-12, front. gravé, veau marb., fil., dos orné, dent. int., tr.
dor. (*Rel. anc.*).

> Aux armes du duc d'**Aumont**.

39. MENCKEN (Jo. Burch.). De charlataneria eruditorum decla-
mationes duae, cum notis variorum. Accessit epistola Sebastiani
Stadellii ad Janum philomusum de circumforanea literaro-
rumvanitate. *Amstelodami*, 1716, frontispice gravé. — Le Chef-
d'œuvre d'un inconnu, poème heureusement découvert et mis
au jour avec des remarques savantes et recherchées par M. le
docteur Ch. Matanasius. *A La Haye*, 1714, portrait. Ens. 2
ouvrages en 1 vol. in-12, mar. rouge, jans., dent. int., tr. dor.
(*Rel. anc.*).

> Exemplaire de **Bachaumont** avec son nom en lettres dorées sur le premier
> plat de la reliure.

40. TETIUS (H.). Aedes Barberinae ad Quirinalem a comite Hieronymo Tetio perusino descriptae. *Romae, excudebat Mascardus*,
1642, in-fol., mar. rouge, comp. de fil. et dent. à petits fers,
abeilles aux angles, dos orné d'abeilles, tr. dor., cordons (*Rel.
anc.*).

> Bel exemplaire de dédicace dans une riche reliure aux armes du cardinal
> **Barberini**, archevêque de Reims.
> Première édition estimée, ornée d'un frontispice gravé et de portraits,
> vignettes et planches, gravées hors texte et dans le texte.

41 .GLYCA (Michael). Michaelis Glycae Siculi, annales, a mundi exordio usque ad obitum Alexii Comneni imper. quatuor in partes tributi. Philippus Labbe, graecum textum, ex pluribus mss. codicibus primus in lucem edidit : Joannis Lewn-Klavii Amelburni interpretationem recensuit, atq. emendavit, etc., etc. *Parisiis, e typographia regia,* 1660, in-fol. mar. fauve, pet. dent., semis de fleurs de lis et d'abeilles, tr. dor. (*Rel. anc.*).

Exemplaire imprimé sur GRAND PAPIER, auquel on a ajouté le portrait du cardinal Barberini, gravé par *Colin.*

Sur le premier plat de la reliure, se trouvent les armes royales et sur le second, celles du cardinal **Barberini**, archevêque duc de Reims.

42. XENOPHONTIS, philosophi et imperatoris clarissimi, quae extant opera, in duos tomos divisa, graece multo quam ante castigatius edita... latine tertia cura ita elucubrata, ut nova pene toga prodeant ; nova insuper adpendice sic illustrata, ut quam planissima deinceps eorum lectio sit futura : opera Joannis Leunclavii Amelburni... *Francofurti, apud Andreae Wecheli heredes,* 1596, in-fol., bas. fauve, semis de fleurs de l'· sur les plats et le dos, tr. dor. (*Rel. anc.*).

Bonne édition contenant les notes de Portus et un index grec.

Reliure fatiguée, avec armoiries sur les plats, probablement celles de la famille **Bercorel** en Bresse.

43. BÉTHISY (Marquis de). Lettres de M***. *A Manheim, et se trouve à Paris, chez Bauche,* 1760, pet. in-12, mar. rouge, large dent. à petits fers. dos orné, doubl. et gardes de tabis bleu. dent. int.. tr. dor. (*Rel. anc.*).

Aux armes du marquis de **Béthisy**, lieutenant-général et gouverneur de Longwy.

Jolie reliure ornée d'une large dentelle à petits fers.

44. PINDARI Olympia. Pythia. Nemea, Isthmia. Johannes Benedictus... ad metri rationem... totum authorem innumeris mendis repurgavit : metaphrasi recognita, latina paraphrasi addita etc., arduum ejusdem sensum explanavit. Editio purissima, cum indice locupletissimo. *Salmurii, ex typis Petri Piededii,* 1620, in-4, mar. fauve, dent.. plats ornés d'un semis du chiffre de

Henri de Bolacre, composé des lettres H. B., alternant avec un lion couronné, dans des fil. en losange au pointillé, dos orné, dent. int., tr. dor. (*Rel. anc.*).

Aux armes de Henri de Bolacre, prévôt des marchands de Nevers en 1646.
Le texte grec de cette édition est le même que celui de l'édition de Schmid, avec quelques corrections, mais la version latine est refaite et accompagnée d'un bon commentaire.

45. **CORDEMOY.** Histoire de France, par M. de Cordemoy. *A Paris, chez J.-B. Coignard*, 1685-1689, 2 vol. in-fol., vignettes, mar. rouge, comp. de fil. à la Du Seuil, dos orné, dent. int., tr. dor. (*Rel. anc.*).

Exemplaire imprimé sur GRAND PAPIER, relié aux armes de **Bossuet**, évêque de Meaux.

46. BURNET, évêque de Salisbury. Histoire des dernières révolutions d'Angleterre, contenant ce qui s'est passé de plus remarquable et de plus secret, depuis le rétablissement du roi Charles II, jusqu'à l'avènement du roi Guillaume et de la reine Marie à la couronne. Traduit de l'anglois (par Fr. de la Pillonière). *A La Haye, chez Jean Néaulme*, 1725, 2 vol. in-4, mar. rouge, fil. dos orné, dent. int., tr. dor. (*Rel. anc.*).

Aux armes du comte de Calenberg, chambellan de l'Empereur.
15 portraits gravés par *B. Picart*.

47. GYRALDUS (Lillius Gregorius). De annis et mensibus, caeterisque temporum partibus, difficili hactenus et impedita materia, dissertatio facilis et expedita. Ejusdem calendarium et romanum et graecum, gentis utriusque solennia, ac rerum insigniter gestarū tempora complectens magno tum historiis, tum ceteris autoribus cognoscendis usui futurum. *Basilae, apud Mich. Isingrinium*, 1541, pet. in-8, veau brun, comp. de fil. et fers à froid.

Reliure aux armes de **Charles-Quint**, avec son emblème et sa devise. Le dos de la reliure a été refait et les gardes sont modernes.

48. ESSENIUS (Andreas). Dissertatio de perpetua moralitate decalogi, adeoque specialius etiam sabbathi, denuo recognita; et

adversus objectiones, instantias, et exceptiones variorum de-
fensa... *Ultrajecti, ex officina Johannis à Waesberge*, 1660, pet.
in-12, mar. rouge, fil., dos orné, tr. marb. (*Rel. anc.*).

Aux armes de **J.-B. Colbert**.

49. TACHARD (Le P. Guy). Voyage de Siam, des pères Jésuites
envoyés par le roy aux Indes et à la Chine, avec leurs observations astronomiques et leurs remarques de physique, de géographie, d'hydrographie et d'histoire. *A Paris, chez Arnould Se-
neuze*, 1686, in-4, mar. rouge, comp. de fil., chiffre aux angles
et au dos, dent. int., tr. dor. (*Rel. anc.*).

Aux armes de **J.-B. Colbert**, marquis de Torcy. Nombreuses planches et
cartes.
Exemplaire de Firmin-Didot.

50. MACQUER (Philippe). Abrégé chronologique de l'histoire
ecclésiastique, contenant l'histoire des églises d'Orient et d'Oc-
cident; les conciles généraux et particuliers... *A Paris, chez
Jean-Thomas Hérissant*, 1751, 2 vol. pet. in-8, veau marb., fil.,
dos orné, dent. int., tr. dor. (*Rel. anc.*).

Aux armes de **J.-B.-F. Desmaretz**, marquis de **Maillebois**.
Fleurons sur les titres et vignettes par *De Sève*, gravées par *Baquoy*.

51. SANNAZARO (Jac.). Opera omnia. *Lugduni, apud Seb. Gryphium*, 1536, pet. in-8, reglé, veau fauve, comp. de fil. et dent.
à froid, dos orné, tr. dor. (*Rel. anc.*).

Exemplaire d'**Etienne Dolet**, portant son nom doré sur les plats de la reliure.
Sur le titre se trouve la signature de Nicolas Bérauld, maître d'éloquence
latine de Dolet et qui eut parmi ses disciples l'amiral de Coligny. Bérauld
a écrit sur la garde du volume un petit poème latin en l'honneur de la
Vierge et diverses notes sur les autres feuillets de garde.

52. BUFFON (de). Histoire naturelle, générale et particulière.
Tomes IV à XIII. *A Paris, de l'Imp. royale*, 1769-1770, 10
vol. in-12, mar. rouge, fil., fleurons aux angles, dos orné, dent.
int., tr. dor. (*Rel. anc.*).

Aux armes de Madame **Du Barry**.

53. BOYER (J.-B.), marquis d'Argens, Les Mémoires du chevalier de ***, par Madame Meheust. *S. l.*, 1743, in-12, veau fauve, tr. rouges (*Rel. anc.*).

> Aux armes de **Durfort**, duc de **Duras**.

54. INDULGENCES et origine de la couronne de nostre seigneur Jésus-Christ, avec la manière de la dire dévotement et avec fruit. *A Turin, chez Pierre Jos. Zappata, s. d.*, in-12, mar. vert, fil. et large dent., dos orné, dent. int., tr. dor. (*Rel. anc.*). .

> Aux armes du prince **Eugène de Savoie**.

55. TERENTIUS. P. Terentii comœdias, una cum scholiis ex Donati, Asperi et Cornuti commentariis decerptis multo quam antehac unquam prodierunt emendatiores, nisi quod in πρῶτον θιμωρούμενος scripsit vir apprime doctus Jo. Calphurnius Brixiensis, licet recentior. Indicata sunt diligentius carminum genera, et in his incidentes difficultates, correcta quædam et cōsulum nomina, idque studio et opera Des. Erasmi Roterodami, non sine praesidio veterum exemplariorum... *Basilae, in officina Frobeniana*, 1532, in-4, mar. rouge, fil., dos orné, dent. int., tr. dor. (*Rel. anc.*).

> Aux armes et au chiffre du Prince **Eugène de Savoie**.
> Édition rare, ornée de belles initiales gravées sur bois.
> Le titre est réparé.

56. STATUTA facultatis medicinae parisiensis. *Parisiis, apud Fr. Muguet*, 1696, pet. in-12, mar. rouge,. fil., dent. int., tr. dor. (*Rel. anc.*).

> Bel exemplaire aux armes de **Fagon**, médecin de Louis XIV. Le dos est orné des pièces des armoiries de Fagon.

57. BROSCHI FARINELO (Carlos). Adriano en Syria, opera dramatica para representarse en el real coliseo del Buen-retiro. *Madrid*, 1757, in-4, mar. rouge, plats entièrement couverts de rocailles, de fleurs et de petits fers, dos orné, tr. dor. (*Rel. anc.*).

> Exemplaire de dédicace aux armes, dans un médaillon de mar. vert, de **Ferdinand VI**, roi d'Espagne.
> Riche reliure espagnole.

58. SIDONIUS. Caii Sollii Apollinaris Sidonii Arvernorum episcopi opera,... *Parisiis, ex officina Plantiniana. apud Hadrianum
Perrier,* 1609, in-4, veau fauve, riches comp., tr. dor. (*Rel.
anc.*).

> Édition donnée par Savaron.
> Reliure dorée en plein avec coins ornés de fers dits à l'éventail ; sur les
> plats se trouve l'effigie équestre de **François II**, duc de **Lorraine**. Il est
> représenté armé de toutes pièces. Sous les pieds du cheval sont des trophées
> militaires ; dans le lointain, la ville de Pont-à-Mousson.
> Exemplaire de Firmin Didot ; la reliure, dont le dos est refait, a été
> reproduite au catalogue illustré de la vente Didot.

59. RECUEIL des lois et réglemens sur les octrois, contenant les
lois, décrets impériaux, arrêtés du gouvernement, avis du Conseil d'État, arrêtés, décisions, etc. concernant les octrois muni-
cipaux et de bienfaisance. *A Paris, de l'Imp. impériale,* 1812,
in-8, mar. rouge à longs grains, fil. et dent., dos orné de l'aigle
impériale, doubl. et gardes de tabis bleu, dent. int., tr. dor. (*Rel.
de l'époque*).

> Exemplaire de **Fouché**, ministre de la police, avec son chiffre sur les plats
> de la reliure.

60. PAPACINO D'ANTONI (Alex. Vic.). Examen de la poudre,
traduit de l'italien par de Flavigny. *A Paris, chez Ruault,* 1773,
in-8, mar. rouge, fil., dos orné, dent. int., tr. dor. (*Rel. anc.*).

> Bonne reliure aux armes de **Frédéric II**, roi de Prusse.

61. RICCOBONI (Madame). Mémoires de Miledi (sic) B... par
Madame R... *A Amsterdam, et se trouve à Paris, chez Cuissart,*
1760, 4 parties en 2 vol. pet. in-12, mar. rouge, fil., dos orné,
dent. int., tr. dor. (*Rel. anc.*).

> Joli exemplaire aux armes de la duchesse de **Gramont**, sœur du duc de
> Choiseul, ministre de Louis XV.
> Exemplaire provenant des bibliothèques Coislin et Firmin Didot.

62. ZÉLY, ou la difficulté d'être heureux, roman indien, suivi de
Zima et des amours de Victorine et de Philogène, publiés par

A.-M. Dantu. *A Amsterdam, et se trouve à Paris, chez la veuve Duchesne*, 1775, in-8, veau marb., fil., dos orné, dent. int., tr. dor. (*Rel. anc.*).

Aux armes de la duchesse de **Gramont**, sœur du duc de Choiseul, ministre de Louis XV.

1 figure par *Bertaux*, gravée par *Thérèse Martinet*.

63. **NICETAS.** Catena graecorum patrum in beatum Job collectore Niceta Heracleae metropolita ex duobus mss. bibliothecae Bodleianae codicibus, graece nunc primum in lucem edita, et latine versa, opera et studio Patricii Junii... *Londini, ex typographio regio*, 1637, in-fol., bas. fauve, fil. et dent., semis de fleurs de lis sur les plats et dos, tr. dor. (*Rel. anc.*).

Reliure, fatiguée, aux armes du collège des **Grassins**.

64. **LA FONTAINE.** Fables choisies mises en vers. *A Paris, chez Denys Thierry*, 1668, in-4, veau fauve, dos orné, tr. rouges (*Rel. anc.*).

ÉDITION ORIGINALE des six premiers livres, ornée de figures par *Chauveau*; elle est devenue rare.

Exemplaire aux armes et au chiffre du comte de **Hoym**; le dos a été très réparé.

65. **DESFORGES.** L'Épreuve villageoise, opéra bouffon en deux actes en vers, mis en musique par M. Grétry. *A Paris, chez Houbaut, s. d.* (1784), in-4, mar. rouge, fil., tr. marb. (*Rel. anc.*).

Sur le premier plat de la reliure, dans un médaillon de mar. vert, se trouve dorée l'inscription suivante: « *Ce livre appartient à S. A. S. Madame la princesse de* **Lamballe**.

Exemplaire de Firmin Didot.

66. **LA FONTAINE.** Fables choisies, mises en vers par M. de La Fontaine, et par luy revues, corrigées et augmentées. *A Paris, chez Denys Thierry et Claude Barbin*, 1678-1694, 5 tomes en 3 vol. in-12, veau fauve, dos orné, dent. int., tr. rouges (*Rel. anc.*).

Figures gravées par *Fr. Chauveau* et autres.

Seule édition complète des *Fables* de La Fontaine qui ait été imprimée sous les yeux de l'auteur.

Les deux premiers volumes sont du second tirage, et les trois derniers, du premier tirage.

On a relié avec le tome V : FABLES NOUVELLES et autres poésies de M. de La Fontaine. *A Paris, chez Denys Thierry*, 1671, figures de Chauveau. Ce volume contient 8 fables nouvelles, des poésies inédites et le poème d'*Adonis*.

Aux armes du duc de **La Rochefoucauld**.

67. CICERO (M. T.). Orationum volumen primum. *Parisiis, apud Simonem Colinaeum*, 1543, in-16, réglé, veau fauve, plats couverts de compart. mosaïqués blancs, noirs et rouges à la Grolier, fil., courbes, dos orné, tr. dor. (*Rel. anc.*).

Exemplaire de Marc **Laurin**.

Sur le premier plat de la reliure, qui a été restaurée, se trouve l'inscription « *M. Laurini et amicorum* », et au milieu du second, la devise « *Virtus in arduo* »

Premier volume de cette édition imprimée en caractères italiques.

Notes manuscrites d'une écriture ancienne.

68. LAUJON. La Toilette de Vénus — Léandre et Hero, représenté devant le roi, sur le théâtre des petits appartements, à Versailles, le 25 février 1750, musique de M. de La Garde. Manuscrit in-4, mar. rouge, large dent. à petits fers, dos orné, dent. int., tr. dor. (*Rel. anc.*).

Belle copie manuscrite de ces deux partitions, aux armes du duc de LA VALLIÈRE.

La reliure est ornée aux angles des plats et sur le dos du lion du duc de La Vallière, et le fer dit à l'oiseau se trouve dans la dentelle.

69. JUSTINIANUS. Institutionum libri quator. Notis perpetuis multo quam hucusque, diligentius illustrati, cura et studio Arnoldi Vinnii J. C. Editio postrema ab auctores recognita. *Aurelianis, exc. Franciscus Rouzeau*, 1743, pet. in-12, mar. rouge, dent. à petits fers, dos orné, dent. int., tr. dor. (*Rel. anc.*).

Exemplaire aux armes d'Olivier **Le Fèvre d'Ormesson**, fils de l'Intendant de Franche-Comté. Jolie dentelle à petits fers sur les plats de la reliure·

70. MOLIÈRE. OEuvres, avec des remarques grammaticales, des avertissemens et des observations sur chaque pièce, par M. Bret. *A Paris, par la compagnie des Libraires associés,* 1773, 6 vol. in-8, veau marb., fil., dos orné, tr. rouges (*Rel. anc.*).

> Exemplaire de PREMIER TIRAGE.
>
> Portrait d'après *Mignard,* gravé par *Cathelin,* 1 fleuron sur chaque titre et 33 figures par *Moreau,* gravées par *Baquoy, de Launay, Duclos, de Ghendt,* etc.
>
> Le tome VI est broché, non rogné et les cinq premiers volumes sont reliés aux armes de la princesse de **Ligne,** née Bethisy de Mézières.

71. **MONMOREL** (M. de). Homélies sur les évangiles de tous les jours de Carême où l'on trouve une explication littérale et morale des évangiles, pour servir de lecture spirituelle, avec une division et une prière à Jésus-Christ. *A Paris, chez Denis Mariette,* 1706, 2 vol. in-12, mar. rouge, fil., dos orné du lion de Mme de Maintenon, dent. int., tr. dor. (*Rel. anc.*).

> Précieux exemplaire aux armes de Madame de **Maintenon.**

72. JUVENALIS (Junius). Satyrae. *Parisiis, e typographia regia,* 1644, in-fol., basane fauve, fil. et large dent., plats semés du chiffre de Mazarin, tr. dor. (*Rel. anc.*).

> Aux armes du cardinal **Mazarin.**

73. STROZA (Thomas). Poemata varia — Jeremias lacrymans, seu Jeremiae threni paraphrasi poetica expressi. Grassante Neapoli pestilentia. *Neapoli, ex nova officina Dom. Ant. Patrino,* 1689, 2 parties en 1 vol. pet. in-8, mar. rouge, fil. et dent., dos orné, tr. dor. (*Rel. anc.*).

> Exemplaire de dédicace aux armes de Jean-Gaston de **Médicis,** septième et dernier grand-duc de Toscane de la famille de Médicis, jeune fils de Cosme III de Médicis.
>
> 2 frontispices et 1 portrait gravés par *H. Vincent.*

74. ARIOSTO (L.). Orlando furioso di M. Lodovico Ariosto Nuouamente adornato di figure di rame da Girolamo Porro Padouano. Et di altre cose che saranno notate nella seguente facciata. *In Venetia M.DLXXXIIII* (1584), *Appresso Francesco*

de Franceschi Senese e Compagni. In-4 ; veau brun, compart. à fil., dos orné à petits fers, tr. dor. (*Rel. anc.*).

> Édition ornée de belles gravures en taille-douce.
> Très bel exemplaire (ave la 33ᵉ pl. répétée), revêtu d'une riche reliure par un des Ève, aux armes et au chiffre de **Méry**, sieur de **Vic**, seigneur d'Ermenonville, garde des sceaux de France, mort en 1622. La dorure du dos (qui est légèrement restauré) est tout à fait remarquable.

75. LE MOYNE (Le Père), de la Compagnie de Jésus. De l'Art des devises avec divers recueils de devises du mesme autheur. *A Paris, chez Sébastien Cramoisy*, 1666, 2 parties en 1 vol. in-4, mar. rouge, compart. de fil. à la Du Seuil, dos orné, dent. int., tr. dor. (*Rel. anc.*).

> Aux armes du duc de **Montausier**, et de Julie d'**Angennes**, sa femme.
> Frontispice gravé par *Le Paulre* et figures allégoriques. — La seconde partie, *Cabinet des devises*, est dédiée à la duchesse de Montausier.

76. TURNEBUS (Adr.). Adversariorum libri XXX ; in quibus variorum auctorum loca intricata explicantur, obscura dilucidantur, et vitiosa restituuntur. *Aureliopoli, excudebat Petrus Quercetanus*, 1604, in-4, basane fauve, plats entièrement couverts de dent. et de feuillages, dos orné, tr. dor. (*Rel. anc.*).

> Curieuse reliure aux armes de Louis de **Nogaret**, d'**Épernon**, bâtard de Jean-Louis Nogaret, duc d'Épernon, évêque de Mirepoix.
> Le titre est doublé et le texte est en mauvais état.

77. MARTIALIS (M. Valerius). Epigrammatum libri XV. Laurentii Ramirez de Prado hispani, novis commentariis illustrati. Cum indice omnium verborum Josephi Langii Caesaremont. et aliis indicibus locupletissimis. *Parisiis, apud Michaelem Sonnium*, 1607, in-4, mar. rouge, fil., semis de fleurs de lis sur les plats et le dos, tr. dor. (*Rel. anc.*).

> Exemplaire au chiffre de Fabri de **Peiresc**.

78. PÉTRONE. Traduction entière, suivant le nouveau manuscrit trouvé à Bellegrade en 1688, avec des remarques (par Nodot).

A Cologne (Paris), chez Pierre Groth, 1694, 2 vol. pet. in-8, veau fauve, dos orné, tr. rouges (*Rel. anc.*).

> Aux armes de **Perrinet**, receveur général des finances de Flandre.
> Édition ornée de 8 figures.

79. TACITE. Nouvelle traduction de deux ouvrages de Corneille Tacite (Les mœurs des Germains et la vie de Julius Agricola, par Philippe V, roi d'Espagne). *A Lyon, chez Anisson et Posuel,* 1706, in-8, veau fauve, fil., fleurs de lis aux angles, dos orné, tr. rouges (*Rel. anc.*).

> Aux armes de **Philippe V**.
> Portrait sur le titre, 1 vignette, 1 portrait par *F. Cars,* et 2 cartes.

80. **BUY DE MORNAS** (De). Atlas méthodique et élémentaire de géographie et d'histoire dédié à Monsieur le président Hénault. *A Paris, chez l'auteur et chez Desnos,* 1761, in-fol., monté sur onglets, mar. rouge, comp. de fil. et large dent. à petits fers, dos orné, dent. int., tr. dor. (*Rel. anc.*).

> Riche reliure aux armes de Madame de **Pompadour**, ornée d'une très large dentelle à petits fers.
> Texte et cartes gravés dans de beaux encadrements.

81. **CORNEILLE** (P.). Théâtre. Nouvelle édition. *A Paris, chez Nion,* 1747, 6 vol. — Poèmes dramatiques de T. Corneille. Nouvelle édition. *A Paris, chez de Nully,* 1748, 5 vol. — Ens. 11 vol. in-12, mar. rouge, fil., dos orné, dent. int., tr. dor. (*Rel. anc.*).

> Bel exemplaire aux armes de Madame de **Pompadour**.

82. DONNEAU DE VISÉ (Jean). Nouvelles nouvelles, divisées en trois parties, par M. de... *A Paris, chez Gabriel Quinet,* 1663. 3 vol. pet. in-12, figures, veau marb., fil., dos orné, tr. jasp. (*Rel. anc.*).

> Aux armes de Madame de **Pompadour**.
> Cet ouvrage contient de vives attaques contre Molière. Suivant M. Moland, le comédien Villiers y aurait collaboré.

83. HOUDAR DE LA MOTTE (M. de). OEuvres. *A Paris, chez Prault*, 1754, 11 vol. in-12, veau marb.. fil., dos orné, dent. int., tr. dor. (*Rel. anc.*).

Aux armes de Madame de **Pompadour**.

84. PUFENDORFF (De). Introduction à l'histoire générale et politique de l'univers, où l'on voit l'origine, les révolutions, l'état présent, et les intérêts des souverains ; commencée par Mr. le Baron de Pufendorff, complétée et continuée jusqu'en 1743 par M. Bruzen de la Martinière. *A Amsterdam, chez Zacharie Chatelain*, 1743-1745, 8 vol. in-12, front. et cartes. mar. rouge, fil.. dos orné, dent. int., tr. dor. (*Rel. anc.*).

Exemplaire aux armes de Madame de **Pompadour**, provenant de la vente de lord Gosford.

85. MARIVAUX (De). L'Homère travesti ou l'Iliade en vers burlesques. Ornée de figures en tailles-douces. *A Paris, chez Pierre Prault*, 1716, 2 vol. in-12, mar. rouge, dent., dos orné. doublés de satin vert. tr. dor. (*Rel. anc.*).

Aux armes de **Prondre de Guermanto**.

86. HEINSIUS (Daniel). Histoire du Siège de Bolduc et de ce qui s'est passé es païs bas unis l'an 1629, faicte françoise du latin. *Lugd. Bat. ex officina Elzeviriana*, 1631, pet. in-fol. veau brun, fil.. tr. jasp. ((*Rel. anc.*).

Aux armes du Cardinal de **Richelieu**.
Ouvrage orné de 10 cartes et plans ; le titre est manuscrit.

87. RICHELIEU (Cardinal de). Traitté de la perfection du chrestien. par l'éminentissime cardinal duc de Richelieu. (*A Paris, chez Ant. Vitré*, 1646), in-4, frontispice gravé, mar. rouge, encad. de fil. à la Du Seuil. dos orné, dent. int., tr. dor. (*Rel. anc.*).

Aux armes du Cardinal de **Richelieu**. Ce livre n'a qu'un faux-titre. Mouillure au commencement du volume.

88. CURCE (Quinte). De la Vie et des actions d'Alexandre le

Grand. De la traduction de M. de Vaugelas. Troisième édition,
sur une nouvelle copie de l'autheur, qui a esté trouvée depuis la
première et la seconde impression. Avec les Supplémens de
Jean Freinshemius sur Quinte Curce, traduits par feu M. Du
Ryer. *A Paris, chez Aug. Courbé*, 1659, in-4, front. gravé,
mar. rouge, fil. et pet. dent., semis d'hermines et de macles sur
les plats et le dos, dent. int., tr. dor. (*Rel. anc.*).

> Aux armes de François de **Rohan**, prince de Soubise.

89. LA PLACE (M. de). Adèle, comtesse de Ponthieu, tragédie.
A Paris, chez Séb. Jorry, 1758, in-12, mar. rouge, pet. dent.,
dos orné, tr. dor. (*Rel. anc.*).

> Aux armes de **Rosset**, seigneur de Fleury, de Rocozel, de Celches.
> 1 figure par *Gravelot*, gravée par *W. Ryland*.

90. ALMANACH ROYAL, année 1770. *A Paris, chez Le Breton*,
1770, in-8, mar. rouge, large dent. à petits fers, dos orné,
doubl. et gardes de tabis bleu, dent. int., tr. dor. (*Rel. anc.*).

> Exemplaire en GRAND PAPIER aux armes du comte de **Saint-Florentin**; la
> reliure est ornée d'une belle et large dentelle à petits fers parmi lesquels se
> trouvent les pièces des armoiries du comte de **Saint-Florentin**.

91. ALLETZ (P. A.). Magasin énigmatique, contenant un grand
nombre d'énigmes ingénieuses, choisies entre toutes celles
qui ont paru depuis près d'un siècle. *A Paris, chez la veuve Duchesne*, 1767, in-12, veau marb., fil., dos orné, dent. int., tr.
dor. (*Rel. anc.*).

> Aux armes de **Sartine**, lieutenant-général de la police sous Louis XV.

92. LOCHE. Précis sur le nouveau traitement des maladies des
yeux, par M. Loche, chirurgien-oculiste, privilégié du roi. *A
Londres, et se trouve à Paris, chez l'auteur*, 1783, in-8, mar.
rouge, fil., dos orné, dent. int., tr. dor. (*Rel. anc.*).

> Aux armes de **Sartine**, lieutenant-général de la police.

93. FENOUILLOT DE FALBAIRE. L'honnête Criminel, drame
en cinq actes et en vers. *A Amsterdam, et se trouve à Paris*, 1767,

in-8, mar. rouge, fil. et fleurons aux angles, dos orné, dent.
int., tr. dor. (*Rel. anc.*).

Exemplaire aux armes de Madame **Sartine**, femme du lieutenant de la
police. Il contient de nombreuses corrections, ratures et additions manuscrites de l'auteur.

5 figures par *Gravelot*, gravées par *Binet, Delaunay, Levasseur* et *Simonet*.

94. STEPHANUS (Carolus). Dictionarium historicum geogra-
phicum poeticum. *Genevae, apud Jacobum Crispinum*, 1633, pet.
in-4, mar. fauve, comp. de fil. et dent., milieu semé d'abeilles,
dos orné, tr. dor. (*Rel. anc.*).

Aux armes de Frédéric **Sforce**, évêque de Rimini. Curieuse reliure du
XVIIe siècle.

95. **DAVY** (Jacques), évêque d'Evreux. Actes de la conférence
tenue entre le sieur evesque d'Evreux et le sieur du Plessis, en
présence du roy à Fontainebleau le 4 may 1600, publiez par permission et authorité de sa majesté, avec la réfutation du faux
discours de la mesme conférence. *A Evreux, chez Anthoine le
Marié*, 1601, in-8, mar. vert, plats et dos couverts de compart.,
fil., rinceaux et feuillages, tr. dor. (*Rel. anc.*).

Très beau spécimen de ces magnifiques reliures dites *à la fanfare*, attribuées aux Eve.

Cette reliure est ornée, sur les plats et sur le dos, d'un chiffre, formé de
deux V couronnés, qui peut être très vraisemblablement attribué à **Sully**
bien que la couronne diffère de celle qui surmonte ordinairement le chiffre
que Sully avait pris, pour estampille de ses livres, après la publication des
Economies royales.

Le livre est dédié à Henri IV.

96. VIGNIER (Nic.). La Bibliothèque historiale de Nicolas Vignier,
de Bar sur Seine, médecin et historiographe du Roy, contenant
la disposition et concordance des temps, des histoires et des his-
toriographes, ensemble l'estat des principales et plus renommées
monarchies selon leur ordre et succession. *A Paris, chez Abel
L'Angelier*, 1587, 3 vol. in-fol., mar. rouge, fil., tr. dor. (*Rel.
anc.*).

Bel exemplaire imprimé sur GRAND PAPIER, et relié aux premières armes
de J.-A. de Thou.

97. HISTORIAE AUGUSTAE scriptores latini minores a Julio fere Caesare ad Carolum Magnum. L. Annaeus Florus, Velleius Paterculus, C. Suetonius Tranquillus... Priores quidem, ex optima cujusque editione, comparati confirmatique ad codices mss. Bibliothecae Palatinae: posteriores vero mille locis emendati suppleti, opera Jani Gruteri: cujus etiam additae notae. *Hanoviae, Imp. Claudii Marnii heredum,* 1611. in-fol., mar. rouge, fil., dos orné du chiffre de de Thou, tr. dor. (*Rel. anc.*).

Bel exemplaire aux troisièmes armes de **J.-A. De Thou.**

98. STRABO. Rerum geographicarum libri XVII. Isaacus Casaubonus recensuit, summoque studio et diligentia, ope etiam veterum codicum, emendavit, ac commentariis illustravit. Accessit et tabula orbis totius descriptionem complectens. Adiecta est etiam Guilielmi Xylandri Augustani latina versio, cum necessariis indicibus. *Excudebat Eustathius Vignon Atrebat,* 1587, in-fol. mar. rouge, fil., tr. dor. (*Rel. anc.*).

Exemplaire imprimé sur GRAND PAPIER et relié aux troisièmes armes de **J.-A. de Thou.**
Édition grecque-latine estimée, donnée par Xylander et publiée à Genève.

99. ALMANACH ROYAL, année bissextile, 1768. *A Paris, chez Le Breton,* 1768, in-8, mar. vert, large dent., dos fleurdelisé. doubl. et gardes de tabis rose, tr. dor. (*Rel. anc.*).

Aux armes de Daniel-Charles **Trudaine** de **Montigny,** intendant des finances.

100. BECCARIA (César Bonesana, marquis de). Traité des délits et des peines traduit de l'italien (par l'abbé Morellet), d'après la troisième édition revue, corrigée et augmentée par l'auteur. *A Philadelphie,* 1766, in-12, mar. vert. fil., dos orné, tr. dor. (*Rel. anc.*).

Aux armes de **Valbelle.**
A l'extérieur du volume se trouve l'ex-libris du château de Tourves, avec l'indication *Livres de Tourves;* sur un des plats du volume, en lettres dorées, le mot: Tourves.

101. MANGET. Traité de la peste, recueilli des meilleurs auteurs anciens et modernes et enrichi de remarques et observations théoriques et pratiques, avec une table très ample des matières. *A Genève, chez Philippe Planche, 1721, 2 vol. in-12,* veau fauve, dos orné, fil., tr. rouges (*Rel. anc.*).

Aux armes de la Comtesse de **Verrue**; curieuse figure représentant un médecin dans un habit de maroquin du Levant, employé pour visiter les pestiférés.

Le second volume contient la relation de la peste de Marseille, par Chicoyneau, Verny et Soullier.

102. RACINE (Jean). OEuvres, avec des commentaires, par M. Luneau de Boisjermain. *A Paris, de l'Imp. de Louis Cellot, 1768,* 7 vol. in-8, mar. vert, fil. et fleurons aux angles, dos orné, tr. dor. (*Rel. anc.*).

1 portrait par *Santerre,* gravé par *Gaucher* et 12 figures par *Gravelot,* gravées par *Duclos, Flipart, Lemire, Lempereur,* etc., AVANT la lettre.

Aux armes du marquis de **Villette**, avec son nom en lettres d'or, sur les plats de la reliure.

Un plat du tome IV est un peu taché.

103. ANTHOINE. Journal historique ou récit fidèle de ce qui s'est passé de plus considérable pendant la maladie et à la mort de Louis XIV, roy de France et de Navarre, fait et dressé par les sieurs Anthoine, pet. in-fol., veau jasp., tr. rouges (*Rel. anc.*).

Curieux manuscrit de 81 feuillets d'une bonne écriture du commencement du xviii° siècle.

Les auteurs de ce manuscrit étaient officiers de la chambre de Louis XIV ; ils rapportent aussi exactement que possible ce qu'ils ont vu et entendu depuis le 10 août jusqu'au 23 octobre, jour de l'enterrement de Louis XIV ; pour tout le reste, ils ont suivi les mémoires de personnes éclairées et présentes aux faits qu'ils rapportent.

Armoiries sur les plats de la reliure.

104. CAESAR (C. Julius). Quae extant omnia, italica versione e ms codice ad hodiernum stylum accomodata. Notis auxit Hermolaus Albritius. *S. l. n. d. (Venetiis, 1737),* in-fol., figures, mar. rouge, mosaïqué de bandes de mar. noir, compart. de den-

telles, dos orné et mosaïqué, dent. int., doubl. de moire bleue
ciel, tr. dor. (*Rel. anc.*).

Curieuse reliure italienne de l'époque, avec armoiries. Frontispice, fleuron
avec portrait du commentateur sur le titre ; bordure au titre et à toutes
les pages montrant le lion de Saint-Marc et les étendards de la Place de
Saint-Marc à Venise ; plusieurs planches et figures dans le texte.

Le frontispice, le fleuron et l'encadrement du titre ont été coloriés avec
soin au XVIII⁰ siècle.

105. **FRÉDÉRIC II.** Les Matinées du roy de Prusse. Manuscrit
de 118 pages d'une bonne écriture du milieu du XVIIIᵉ siècle,
in-4, mar. rouge, fil., fleurons aux angles, dos orné, tr. marb.
(*Rel. anc.*).

Copie manuscrite de ce célèbre pamphlet attribué à Voltaire et au baron
de Patono. Divisé en 7 matinées, ce manuscrit traite successivement de
l'origine de la maison de Prusse, de la religion, de la justice, de la politique
en général, de la politique de l'État, du militaire, de la science ; il se ter-
mine par un mémoire du Conseil au roi sur le moyen d'éteindre 30 mil-
lions de dettes sans surcharger les sujets.

Reliure avec armes mosaïquées sur les plats.

106. **LE JEAN.** Introduction à la révolution des Pays-Bas et à
l'histoire des Provinces-Unies. *S. l.*, 1754, 3 tomes en 1 vol.
in-12, mar. rouge, fil., dos orné, dent. int., tr. dor. (*Rel. anc.*).

Armoiries sur les plats de la reliure.

Livres annotés par des auteurs célèbres.

107. **PLYNIUS SECUNDUS (C.).** De Naturali Hystoria diligentis-
sime Castigatus. (A la fin :) *Impssum Veneliis accuralissime p Bar-
tolameũ de Zãnis de portesio ãno saluatoris* M.cccc l xxxx vi (1496),
in-folio de 239 ff. non chiff., car. ronds, 62 ll., veau brun, compartiments à froid, renfermant de grands fers et des fleurs de lis,
grande plaque au milieu du premier plat représentant St Yves,
plaques avec des rosaces et abeilles au centre de l'autre plat (*Rel.
du commencement du* XVIᵉ *siècle*).

Hain, 13100. Proctor 5336.

Précieux exemplaire donné à Erasme par l'imprimeur Froben, circonstance, mentionnée par la propre main d'Erasme :

1° En syriaque sur l'intérieur de la couverture.

2° En latin au recto de la première garde en ces termes et de cette manière :

Sum Erasmii
Frobeni ex liberalitate
Erasmi Profe.

3° Plus bas : *Sum Eri Pr.*

4° Au recto de l'avant-dernière garde : *Sum Erasmi.*

L'exemplaire est enrichi de plus de 1600 scholies et rubriques marginales écrites de la main d'Erasme, la plupart latines, beaucoup en grec et plusieurs en syriaque ; l'énumération qui en est faite par chapitre et par livre, à défaut de chiffres de pages, accompagne le volume. On a joint encore à cet exemplaire une lettre originale d'Erasme à Bruno Amerbach, datée de Louvain 16 novembre.

Le dos de la reliure est refait.

108. RADERI (Matthaei) de Soc. Jesu, ad Valerii Martialis epigrammaton libros omnes, plenis commentariis, novo studio confectis, explicatos, emendatos, illustratos rerumque et verborum lemmatum item, et communium locorum variis et copiosis indicibus auctos, curæ secundæ. *Ingolstadii, ex typographia Adami Sartorii,* 1611, in-fol., vélin blanc, tr. rouges, étui (*Rel. anc.*).

Précieux exemplaire de **Malherbe**, avec une ligne autographe de lui en latin, sa signature au bas du titre et des annotations.

On y a joint une pièce de vers autographe de Malherbe, 2 pages in-4.

Provient de la bibliothèque Amb. Firmin-Didot.

109. ORUS APOLLO. Ori Apollinis Niliaci Hierogliphica. Ὥρου Ἀπόλλωνος Νειλώου ἱερογλύφικα. Sub Scuto Basiliensi. (A la fin :) *Excussit Petrus Vidouæus artium magister, Impensis honesti viri Conradi Resch, bibliopolæ Parisiensis,* 1521. In-8. — Qvarvm artivm, ac lingvarvm cognitione Medico opus sit. Praefatio ante Hippocratis Aphorismorum initium, per Ianum Cornarium Zuiccaviensem, habita Rostochii. Aphorismi Hippocratis, græce. *Haganoæ, apud Iohan. Secerium. S. d.* — En 1 vol. in-8, cuir de Russie, étui de mar. vert, fil. et tr. dor. (*Rel. anc. fatiguée*).

Première édition de ces deux ouvrages.

Exemplaire de Rich. Heber, portant sur le titre la signature autographe de **Rabelais**.

De la bibliothèque Firmin-Didot.

110. HERODOTI. Halicarnassei historiarum libri IX, IX musa-
rum nominibus inscripti ejusdem narratio de vita Homeri.....
Francofurti, apud Claud. Marnium, 1608, in-fol. mar. fauve,
comp. de fil. et dent., plats entièrement couverts de fleurs et
feuillages, dos orné, tr. dor. (*Rel. anc.*).

Précieux exemplaire de **Racine**, avec sa signature sur le titre et des notes
autographes sur les marges du volume.

Ce livre est cité dans la notice de M. le vicomte de Grouchy : *Documents
inédits relatifs à Racine et à sa famille*, page 44 dans l'inventaire de la
bibliothèque de Racine.

Riche reliure du XVIIe siècle.

II. — LIVRES ILLUSTRÉS DU XVe AU COMMENCEMENT DU XIXe SIÈCLE.

(CLASSÉS PAR ORDRE CHRONOLOGIQUE)

A. — LIVRES ILLUSTRÉS DU XVe AU XVIIe SIÈCLE.

111. CHRONIQUES DE FRANCE (Les). (Tome I, f. 1 :) Le Premier volume des croniq̃s de france. (A la fin :) *Cy finist le p̃mier volume des croniques de france Imprime a paris le Dixiesme iour de septembre Lan mil iiij cens quatre vings ꝛ treze Par anthoine verard*, etc., etc. (Les 8 ff. prélim. manquent), 274 (sur 276) ff., chiff. faussement 273. (Tome II, fol. 1 :) Le Second volume des croniq̃s de france nouuellement Imprimez à paris. (A la fin:) *Imprime a paris ꝑ Jehan maurand demourand en la rue saint Victor po^r Anthoine verard libraire demourãt a paꝛ. a limage saĩt Jehan leuãgeliste*, etc. *Lan de grace. M.cccc iiii.xx. xiii Le ixe iour de iuillet (1493)*, 10 ff. prélim. (dont le dernier blanc) et 270 ff. chiff. faussement 274. — (Tome III, f. 1 :) Le Tiers volume des croniq̃s de france nouuellement Imprimez a paris. (A la fin :) *Cy finist le tiers volume des grãs croniq̃s de france cõtenant charles. v.vi.ꝛ vii. Imprime a paris pour anthoine verard librare* (*sic !*) *demourãt a paris su^s le pont nostre dame a lymage saint iehã euãgeliste le dernier iour daoust. lan M. cccc quatre vingtz et XIII* (1493), 8 ff. prélim. et 255 ff., chiff. faussement 257. — Ens. 3 vol. in-fol., goth., 2 coll., 46 et 47 ll., figures, veau.

Hain-Copinger, 5008 ; Proctor 8291.
Type 1.

Ouvrage de la plus grande rareté connu sous le nom de Chroniques de St Denis.

Il renferme 5 figures différentes gravées sur bois de la grandeur de la page et de nombreuses petites.

Toutes ces figures sont plusieurs fois répétées. Marque de l'imprimeur à la fin des premier et second volumes. Les titres sont entièrement gravés sur bois.

Les volumes sont de grandeur et de reliures différentes. Le premier volume est très grand de marges et le troisième est très court. Le premier volume est incomplet des 8 feuillets préliminaires et des feuillets a₁ et a₃.

Sur la dernière page blanche du second volume se trouve un poème manuscrit ; une note de la même écriture indique que le volume a été acheté au palais en 1496.

Cachet de bibliothèque en plusieurs endroits.

112. **BRANT** (Seb.). Stultifera Nauis Narragonice p̄lectōnis nunq̃ satis laudata Nauis : per Sebastianū Brant : vernaculo vulgariq̃ sermone & rhytmo... fabricata. Etc. Atq̃ iam pridem per Jacobum Locher cognomento Philomusum : Sueuū in latinū traducta eloquiū : & per Sebastianū Brant denuo seduloque reuisa..... foelici exorditur ;principio 1498. Nihil sine causa. Io. de Olpe. (f. 156ᵛ :) *Finis Narragonice navis etc. In laudatissima Germanie urbe Basiliensi nup opa q̃ p̄motione Johānis Bergman de Olpe Anno salutis n̄e.* M.CCCCXCVIII (1498) *Kl'. Martii.* In-4, car. rouds, de 159 ff. chiff., figures, vélin à recouv.. fil. à froid, attaches de cuir (*Rel. anc.*).

Hain 3751. Proctor 7778.
L'ouvrage renferme de nombreuses figures, gravées sur bois.
L'exemplaire est rogné en tête. Mouillures au titre et piqûres de vers.

113. **COLUMNA** (Fr.). Hypnerotomachia Poliphili, ubi hu || mana omnia non nisi somnium || esse docet atque obiter || plurima scitu sane || quam digna com || memorat || (opus a Francisco Columna compositum, et a Leon Crasso veronensi editum. (In fine :) *Veneliis, mense decembri* M.I.D. (1499), *in aedibus Aldi Manutii acuratissime,* in-fol. de 234 ff., mar. brun, comp. de fil. à froid, fleurons aux angles, dos orné, doublé de mar. bleu,

large dent. de feuillage, gardes de soie bleue. tr. dor. (*Lortic*).

Première édition d'un des plus beaux livres à figures publiés au xve siècle; le dessin des figures a été attribué aux plus grands artistes.

L'exemplaire est richement relié. Mais le titre a été réparé.

114. **MARTIAL** de Paris. Les Vigilles || de la mort du roy Charles septiesme a neuf pseaul || mes et neuf leçons, contenans les cro- nique les faitz || advenuz durant la vie du dict feu roy. Cōposées par || maistre Marcial de Paris dit Dauvergne procureur || en parlement || (A la fin) : *Imprimé à Paris par Robert Bouchier imprimeur || demourant en la rue sainct Jacques en l'enseigne de || lescu au soleil || s. d.* (après 1500), in-4 goth., de 94 ff. à 2 col., mar. rouge. fil. en losange, semis de fleurs de lis, dos fleurdelisé, doublé de mar. vert, fil. et pent. dent., tr. dor. (*Si- mier*).

Cette édition, imprimée après 1500, paraît avoir été faite sur celle de Le Caron ; elle contient de plus que cette dernière une grande figure sur bois au verso du titre ; elle est ornée de 42 curieuses figures sur bois. Au verso du dernier feuillet se trouve la marque de J. Trepperel.

Exemplaire des bibliothèques Cailhava, du baron Léopold Double et de Renard.

115. BOETIUS de philoso || phico consolatu || sive de consolatiōe philosophie cū fi || guris ornatissimis noviter expolitus || (In fine). *Impressum Argentine per Johannē Gruninger || anno Incarnationis Dñi Millesimo quingen || tesimo primo, Kalendas vero, VIII septē- bris* (1501), pet. in-fol. de 10 ff. prélim. non chiff. et 128 ff., vélin blanc à recouv., médaillon doré au milieu (*Rel. mod.*).

Édition rare, ornée de curieuses figures gravées sur bois.
Raccommodage au titre.

116. HROSVITA. Opera Hrosvite illustris, virginis et monialis germane, gente saxonica orte, nvper a Conrado Celte inventa. (A la fin :) *Impressum Norunbergæ sub Priuilegio Sodalitatis Celticæ (Arth. Peypus) a Senatu Rhomani Imperii impetrato. Anno christi Quingentesimo primo supra Millesimum* (1501), in- folio, de 82 ff. non chiff., figures, mar. La Vall., encad. de deux

fil. droits et courbes, fleurons aux angles, milieu doré, dos orné,
dent. int., tr. dor. (*Duru*).

Ouvrage recherché pour les 8 très belles figures gravées sur bois, de la
grandeur de la page, qu'il renferme.

117. OVIDIUS. Habebis candide lector P. Ouidii Nasonis Meta-
morphosin castigatissimam, cum Raphaelis Regii cōmentariis
emendatissimis, & capitulis figuratis decenter appositis, & ab
aliquo calchographo hactenus non Impressis. (A la fin :) *Im-
praessum Parmæ expensis & labore Francisci Mazalis calchographi
dilligentissimi.* M.D.V. *Cal. Maii* (1505), in-folio, de 184 ff. non
chiff., figures, vélin à recouvrements (*Rel. mod.*).

Édition très rare renfermant 53 belles figures gravées sur bois, provenant
de l'édition vénitienne de 1497, plus six figures nouvelles.
17 des figures sont signées des lettres ia et 5 de la lettre N.

118. TERENTIUS cum quinq; cōmentis : v̄ Donati : Guidonis :
Calphur. Ascēsii : z Seruii. (A la fin :) *Impressum Venetiis p̄
Lazarum de Soardis die 16 Maii 1511*, in-folio, goth., de 241 ff.
chiffrés faussement 235, et 1 feuillet blanc, figures, mar. grenat, jans., dent. intér. (*Champs*).

Le titre est orné d'un riche encadrement gravé sur bois ; le volume renferme 2 figures, de la grandeur de la page, dans le genre des illustrations
de l'*Hypnerotomachia Poliphili*, et de nombreuses petites figures qui se
répètent plusieurs fois.
Raccommodages au titre.

119. TREITZSAURWEIN (Marx). Le Triomphe de l'Empereur Maximilien I, en une suite de cent trente cinq planches gravées en
bois d'après les dessins de Hans Burgmair, accompagnées de l'ancienne description dictée par l'empereur à son secrétaire Marc
Treitzsaurwein. *Imprimé à Vienne, chez Mathias André Schmidt,*
1796, gr. in-fol. oblong, dos et coins veau gris (*David*).

Exemplaire bien complet.
Les planches de cet ouvrage ont été gravées de 1516 à 1519 d'après les
dessins de *Hans Burgmair*.

120. TREITZSAURWEIN (Marx). Der Weiss Kunig. Eine Erzehlung

von den Thaten Kaiser Maximilian des Ersten. Von Marx Treitzsaurwein auf dessen Angeben zusamman getragen, nebst den
von Hannsen Burgmair dazu verfertigten Holzschnitten. Herausgegeben aus dem Manuscript der kaiserl. königl. Hofbibliothek.
Wien, Joseph Kurzböck, 1775, in-folio, figures, cart., non rogné
(*Cart. de l'époque*).

Relation des actions de l'empereur Maximilien Ier écrite sous et publiée
sur les mss. de la Bibliothèque impér. de Vienne.

L'ouvrage renferme 237 estampes gravées sur bois d'après les dessins et
sous la direction de *Hans Burgmair,* dont le monogramme H. B. se trouve
marqué sur 92 planches.

L'ouvrage, commencé sous Maximilien Ier et achevé après sa mort, a été
publié pour la première fois en 1775.

Les planches sont tirées avec les bois originaux.

121. Le même ouvrage, in-fol., cuir de Russie, pet. dent., dos
orné, dent. int., tr. dor. (*Rel. anc.*).

122. HEURES A L'USAGE DE PARIS. ❡Ces presentes heu-
res a lusai ‖ ge de Paris toutes au long sans ‖ rien reqrir | avec
plusieurs belles ‖ histoires : nouvellemēt īmprimées ‖ (A la fin
du fol. Q4): ❡*Cy finissent ces pñentes heures à lusaige de Pa ‖ ris
| nouvellemēt imprimées | Toutes au lõy sans ‖ rien requerir
| avecques plusieurs belles hystoires ‖ nouvelles | Cest assavoir les
hystoires des douze ‖ mois de l'an | les hystoires des heures nostre
Da ‖ me | mises a prime | tierce | sexte | nōne | vespres et cõ ‖
plies...... Et ont este iprimées à Paris | par ‖ la veufve de feu
Thielma Kerver | demourāt audit ‖ lieu a lenseigne de la Ly-
corne | a la grāt rue sainct ‖ Iacques | au dessus des Maturins | et
furent ache ‖ rées lan mil CCCCCXXI (1522) le XVI iour de
fevrier ‖* in-4, goth. de 132 ff. chiff., sauf les 14 premiers et les
10 derniers, sign. A-P par 8, Q. par 4 et aa par 8, veau brun,
tr. rouges (*Rel. anc.*).

Titre rouge et noir avec la marque de Thielman Kerver, calendrier pour
14 ans (1523-1536). Ces heures renferment 59 grandes figures (dont
l'homme anatomique) contenues dans des encadrements et 30 petites
gravées sur bois ; au verso du dernier feuillet se trouvent les emblèmes de
la Passion et la date de 1522.

Le cahier signé aa et composé de 8 ff. contient les « *Cōmendationes defunc-*

torū || ..... avec le colophon suivant: ❡*Les recōmandaces des trespassés nouvellement* || *imprimées à Paris par la veufve de feu Thielmā* || *Kerver*..... 1522.

123. BRANDT (Seb.). La grād nef des || folz du monde en laquelle chascun hōme sage || prenant plaisir de lire les passages des hy || stoyres dicelle morallement ⁊ briefvemēt ex || posées | trouvera ⁊ congnoistra plusieurs ma || nières de folz | et aussi pourra discerner entre || bien ⁊ mal ⁊ séparer vice et peche : davec ver || tu a eulx cōtraire quest ung œuvre excellēte || pour mener lhomme en voye de salut || ❡*On les vend à Lyon en la maison de Frācoys* || *Juste Imprimeur* | *devāt nostre dame de Consort.* || (A la fin): ❡*Cy finist la nef des folz du monde. Premierement composée en aleman par mai* || *stre Sebastien Brandt, docteur es droitz : consecutivement d'aleman en latin redigée* || *par maistre Jacques Locher. Revuene et ornée de plusieurs belles concordances par* || *ledit Brant. Et de nouvef translatées de latin en francoys et imprimée à Lyon sur* || *le Rosne par Francoys Juste imprimeur, le dernier jour du moys de Juing* || *l'an M.CCCCC. XXIV* || , in-4, goth. de 101 ff., mar. La Vall., jans., dent. int., tr. dor. (*Duru*).

Titre imprimé en rouge et noir dans un bel encadrement gravé sur bois, avec la marque de François Juste, et la date de 1530.

Edition très rare ornée de curieuses gravures sur bois.

124. RÜXNER (Georg). Anfang vrsprūg vnd herkomen des Thurniers inn Teutscher nation. Etc. (A la fin): *Dis Buch ist gedruckt in verlegung Hieronimi Rodlers Fürstlichen Secretarien zu Siemern, etc.*, 1532, in-folio, de 214 ff. chiff. faussement 213 (chiffre 213 répété) et 4 ff. non chiff., figures, mar. rouge, fil., dos orné, dent. int., tr. dor. (*Hardy*).

Deuxième édition du *Thurnierbuch*, ornée de nombreuses figures gravées sur bois. Ces figures sont dans le genre de celles du *Theverdank*.

Raccommodages au titre.

125. VEGETIUS. Fl. Vegetii Renati viri illustris de re militari libri quatuor. Sexti Julii Frontini viri consularis de Strategematis libri totidem. Aeliani de instruendis aciebus liber unus. Modesti de vocabulis rei militaris liber unus. Item picturae bellicae exx

passim Vegetio adjectae. Collata sunt omnia ad antiquos codices, maxime Budaei, quod testabitur Aelianus. *Parisiis, sub scuto Basiliensi, ex officina Chr. Wecheli*, 1535, in-fol., vélin blanc, fil., milieu orné à froid, tr. jasp. (*Rel. anc.*).

Ouvrage orné de nombreuses planches gravées sur bois.

126. CÉSAR (Jules). Les Cōmentaires de Jules || Cesar || De la guerre civile || De la guerre Alexandrine || de la guerre Daffricque || De la guerre Despaigne || Translatez par noble homme Estienne de Laigue dict || Beauvois || Des batailles et conquestz faictz par Cesar au pays || de Gaule || Translatez par feu de bonne memoire || Robert Gaguin general de l'ordre || de la saincte Tri-nite || Avec les prortraictz et descriptions des lieux, fortz, pontz || machines ⁊ autres choses dont est faict mētion es presens || commentaires || Ensemble les noms des lieux villes et peuples || du pays de Gaule || ℭ*On les vend à Paris, en la grant salle du Palais au premier* || *pillier par Jehan André libraire* 1537 || (A la fin :) *Le present œuvre des Cōmentaires de Jules César tant des guer* || *res civiles que Gaule a esté achevé d'imprimer en la noble ville ⁊ cité* || *de Paris, le XXIII jour du moys de juillet l'an mil cinq cēs XXXVII* || (1537) 2 parties en 1 vol. pet. in-fol. goth., veau brun (*Rel. anc.*).

Édition estimée ornée de figures gravées sur bois dont plusieurs ont été utilisées dans des livres beaucoup plus anciens. Titre rouge et noir, 9 ff. prélim. non chiff. et 76 ff. chiff. pour la première partie : on y remarque une curieuse carte de la Gaule, une autre d'Espagne et au verso du dernier feuillet une grande figure gravée sur bois. La seconde partie se compose de 81 ff. chiff.; au verso du dernier feuillet se trouve la marque de l'imprimeur.

La reliure, du seizième siècle, est fatiguée, mais le texte est d'une conservation parfaite. Sur le titre se trouvent des armoiries peintes.

127. MEUNG (Jean de). Le rommant || de la rose (commencé par Guillaume de Lorris et achevé par Jean de Meung) nouvelle-ment reveu || et corrigé oultre les pre || cedentes im || pressions. || *On les vend à Paris en la rue Sainct Jasqs* || *à l'enseigne de la fleur de lis* || (A la fin :) ℭ*Fin du rommāt de la rose veu ⁊* || *cor-rigé oultre les precedētes ipres* || *sions. Et imprimé nouvellement à* || *Paris* | *l'an mil cinq cens XXXVIII* || (1538), in-8 goth. de

8 ff, prélim. non chiff. et 303 ff., veau brun, fil. à froid et fleurons aux angles, tr. dor. et ciselées (*Rel. du XVI° siècle*).

Titre rouge et noir et vignettes gravées sur bois dans le texte.

Bel exemplaire très grand de marges ; la reliure est ornée sur les plats d'un dauphin, marque attribuée à François II, dauphin.

128. MILLAEUS (Jo.). Praxis criminis persequendi, elegantibus aliquot figuris illustrata, Joanne Millaeo Sylvigniaco, magni aquarū sylvarumq3 omnium Francicarum quaestoris in tribunali marmoreo Palatii apud parisios subpræfecto autore. *Parisiis, prostant apud Simonem Colinaeum*, 1541, pet. in-fol., de 4 ff. prélim. non chiff., et 85 ff. chiff. mar. rouge, jans., dent. int., tr. dor. (*Chambolle-Duru*).

Bel exemplaire, à toutes marges, d'un livre curieux et rare ; il est orné de 13 grandes figures, des plus remarquables, gravées sur bois.

129. HOMÈRE. Les dix premiers livres de l'Iliade d'Homère princes des poetes : Traduictz en vers François, par M. Hugues Salel, de la chambre du Roy et Abbé de S. Cheron. *On les vent à Paris, en la boutique de Vincent Sertenas.* (Au verso du dernier feuillet :) *Imprime a Paris par Jehan Loys* M.D. XLV. (1545), in-folio, de 350 pp. chiff., 1 f. non chiff., figures, veau brun, compart. de fil., avec fleurons aux angles, dos orné, tr. rouge (*Rel. anc. défraîchie*).

L'ouvrage renferme 11 très remarquables figures au trait, gravées sur bois et des jolies lettres initiales à fond criblé. Grande marque de l'imprimeur au dernier feuillet.

Le titre qui est en deux morceaux a été remonté. Piqûre de vers au coin supérieur des premiers feuillets.

130. **AMADIS DE GAULE.** Les livres I à XII de Amadis de Gaule, traitant de maintes auantures d'armes et d'amours, qu'eurent plusieurs cheualiers et dames, tant du royaume de la grand' Bretagne que d'autres païs : Traduit nouuellement d'Espagnol en François par le seigneur des Essars Nicolas de Herberay (Gilles Boileau, Jacques Gohorry et G. Aubert). *A Paris, pour Ian Longis, Estienne Groulleau et Vincent Sertenas*, 1548-1559, 12 tomes en 4 vol. in-fol., fig. sur bois, mar. vert, janséniste, doublés

de mar. orange, mosaïque de mar. vert et rouge, compart. arabesques et feuillages, dorure à petits fers, tr. dor. (*Hardy; dorure
de Marius Michel*).

Bel exemplaire aux armes du baron Seillière. Raccommodage à un coin
du titre du onzième livre.
Le tome IV est plus court et la doublure de ce volume n'a pas été dorée.
On trouve difficilement cette collection aussi complète. La doublure des
trois premiers volumes est d'une grande richesse.

131. CAROSO (Fabritio). Il Ballarino di M. Fabritio Caroso da
Sermoneta, diviso in due trattati : nel primo de quali si dimostra
la diversita dei nomi, che si danno a gli atti, et movimenti, che
intervengono ne i balli : et con molte regole si dichiara come
debbano farsi. Nel secondo s'insegnano diverse sorti di balli, et
balletti si all' uso d'Italia, come a quello di Francia, et Spagna,
ornato di molte figure ; et con l'intavolatura di liuto nella sonata
di ciascun ballo, et il soprano della musica alla maggior parte di
essi... *In Venetia, appresso Francesco Ziletti*, 1581. in-4, mar.
La Vall., compart. de fil. dor. et à froid, fleurons aux angles,
milieu orné d'un médaillon de feuillage, dos orné, dent. int., tr.
dor. (*Thibaron-Echaubard*).

Volume rare et recherché ; orné du portrait de Caroso et de jolies figures
gravées en taille-douce par *Giacomo Franco*, représentant diverses figures de
danses.

132. AITSINGER (Michael). De Leone Belgico eiusq3 topogra-
phica atq3 historica descriptione liber quinq3 partibus guberna-
torum Philippi regis Hispaniarum ordine, distinctus. in super
et elegantissimi illius artificis Francisci Hogenbergii centum et
XII figuris ornatus ; rerumque in Belgio maxime gestarum, inde
ab anno Christi M.D. LIX usque ad annum M.D. LXXXIII
perpetua narratione continuatus. (In fine) : *Coloniae Urbiorum,
impressit Gerardus Campensis, anno a Christi salvatoris nostri
nativitate, millesimo quingentesimo octuagesimo tertio* (1583). pet.
in-fol. veau fauve, fil., angles et milieu ornés de feuillages, dos
orné, tr. dor. (*Rel. anc.*).

Ouvrage rare contenant l'histoire des troubles des Pays-Bas, de 1559 à

1583 ; il est orné d'un titre gravé, dans un bel encadrement, du portrait d'Aitsinger, d'une carte des Pays-Bas et de 114 planches gravées, par *Hogenberg*.

Exemplaire de J.-A. DE THOU, avec sa signature répétée deux fois sur le feuillet de garde et au bas du dernier feuillet ; il provient de la bibliothèque de Firmin Didot.

Jolie reliure de la fin du XVI° siècle, un peu restaurée.

133. HOGENBERG. Recueil de 172 estampes gravées en taille-douce par J.-N. Hogenberg, représentant les événements de la guerre d'indépendance des Pays-Bas, cuir de Russie, fil. à froid, dent. int., tr. jasp. (*Rel. mod.*).

Le recueil se compose de quatre suites, chiff. 1-20, 1-28, 1-20 et 1-104.
Exemplaire de Viollet Le Duc avec son ex-libris.
Mouillures à quelques feuillets.

134. OVIDE. Le Metamorphosi di Ovidio ridotte da Gio. Andrea dell' Anguillara in ottava rima, con le annotationi di M. Gioseppe Horologgi et gli argomenti et postille di M. Francesco Turchi. *In Vinegia presso Bern. Giunti*, 1584, in-4, front. et fig. mar. rouge, fil., dos orné de fil., dent. int., tr. dor. (*Rel. anc.*).

Premier tirage des figures de *Giacomo Franco*.

135. OFFICE DE LA VIERGE MARIE (L'), à l'usage de l'Église catholique, apostolique et romaine, avec plusieurs prières et oraisons. *A Paris, chez Jamet Mettayer*, 1586, pet. in-12, de 152 ff., dont le dernier blanc, mar. rouge, comp. de fil. et dent., dos orné, tr. dor. (*Rel. anc.*).

Exemplaire imprimé sur PEAU DE VÉLIN.
Texte imprimé en rouge et noir entouré de petites bordures gravées en taille-douce ; 13 jolies figures, également gravées en taille-douce, ornent ce petit volume.
Les feuillets 141 à 144 manquent et sont remplacés par des feuillets manuscrits d'une jolie écriture du dix-septième siècle.
En haut du titre se trouvent les mots *Au Roy Henry*, écrits anciennement en capitales rouges.

136. BOISSARDUS (J.-J.). Theatrum vitae humanae, a J. J. Boissardo Vesuntino conscriptum, et à Theodoro Bryio artificio-

sissimis historiis illustratum. *Excussum typis Abrahami Fabri, Mediomatricorum typographi* (In fine :) *Excussum typis Abrahami Fabri, civitalis mediomatricorum typographi impensis Theod. Bryi leo diensis sculptoris, Francfurdiani civis,* 1596, in-4, vélin blanc (*Rel. anc.*).

Volume recherché orné d'un titre, d'un portrait de Boissard et de 60 figures d'emblèmes par *Th. de Bry.*

Notes manuscrites d'une écriture ancienne.

137. PETRARCA (Franceso). Trostspiegel in Glück und Unglück. Francisci Petrarchae defs weitberhümbten hochgelehrten für trefflichen Poeten und Oratorn Trostbücher von Rath That und Artzeney in Glück und Unglück. *Franckfurt am Mayn, bey Christ. Egen. Erben,* 1596 (à la fin :) *Getrucht zu Frankfurt am Mayn bey Christian Egenolphs Erben* in *Verlegung Adami Loniceri,* etc., 1584, pet. in-folio, de 4 ff. prélim., 222 ff. chiff. et 3 ff. non chiff. de table (le feuillet blanc manque), figures, vélin blanc à recouvrements, tr. dor. (*Rel. mod.*).

L'ouvrage, traduction du *Remedium utriusque fortunae*, renferme environ 200 belles figures gravées sur bois, de *Hans Weiditz.*

138. SAMBUCUS (J.). Emblemata, et aliquot nummi antiqui operis, Joan. Sambuci Tirnaviensis Pannonii. Quarta editio cum emendatione et auctario copioso ipsius auctoris. *Ex officina Plantiniana, apud Chr. Raphel. (engium),* 1599. — Hadriani Junii emblemata, ejusdem enigmatum libellus... *Lugduni Batavorum, ex officina Plantiniana,* 1596. — Ens. 2 ouvrages en 1 vol. in-18, veau brun. fil., dos orné, tr. dor. (*Rel. mod.*).

Ces deux ouvrages sont ornés de nombreuses figures d'emblèmes gravées sur bois dans le texte.

On a collé sur une garde du volume les armoiries de Madame de Pompadour provenant de l'ancienne reliure du livre.

139. BOCCACCIO (Giov.). Il Decameron di messer Giovanni Boccacci, cittadin fiorentino, di nuovo ristampato, e riscontrato in Firenze con testi antichi, et alla sua vera lettione ridotto dal Cavalier Lionardo Salviati... et in questa ultima impressione adornato di figure appropriate a ciascheduna novella. *In Venetia,*

appresso Alessandro Vecchi, 1597, in-4, mar. rouge, jans.. dent. int., tr. dor. (*B. Niédrée*).

Édition imprimée en caractères italiques, ornée dans le texte de nombreuses figures gravées sur bois.

140. DE BRY (Theodore). Emblemata secularia, mira et iucunda varietate seculi huius mores ita exprimentia, ut sodalitatum symbolis insigniisque conscribendis et depingendis peraccommoda sint. Etc. Weltliche lustige newe Kunststück der jetzigen Welt lauff fürbildende mit artlichen lateinischen teutschen frantzösischen vnd niderlandischen Carminibus vnd Reimen geziert, fast dienstlich zu einem zierlichen Stamm vnd Wapenbüchlein. Artificiose et eleganter in aere primo sculpta, secundoque publicata ; et multis figuris hinc inde copiose aucta, per *Io. Theodorum de Bry. Oppenhemii, tyis Hieronymi Galleri*, 1611. pet. in-4, de 56 ff. de texte chiff. et 143 planches gravées, mar. rouge, compart. de fil. à la Du Seuil, fleurons aux angles, dos orné, dent. intér., tr. dor. (*Thompson*).

Encadrement gravé au titre, 2 figures dans le texte et 173 figures gravées en taille-douce, hors texte, dont 71 de blasons et 72 d'allégories.

Petit raccommodage à un feuillet ; la planche 72 est coupée au carte de remontée.

141. TASSO (Torquato). La Gerusalemme liberata ; con le annotationi di Scipio Gentili, e di Giulio Guastavini, et li argomenti di Oratio Ariosti. *Stampata per Giuseppe Pavoni ad instanza di Bernardo Castello in Genova, l'anno* 1617, pet. in-fol. mar rouge, plats ornés de fil. droits et courbes, de dent. et feuillages, dos orné, tr. dor. (*Rel. anc.*).

Cette édition contient les mêmes notes que celle de 1590 ; elle est ornée de 2 titres-frontispices et de 20 grandes planches par *Bernard Castello*.

Riche reliure fortement restaurée : le dos est refait, les gardes sont modernes et les tranches sont redorées.

Armoiries sur les plats.

142. HORTENSIUS (Lambertus). Het Boeck D. Lamberti Hortensii van Montfoort in sijn leven Rector van de schole tot Naerden. Van den oproer der Wederdooperen. Eerst int Latijn bes-

chreven. Ende nu in nederlandts overgheset. *Enchuysen, by Jacob Lenaertsz Meyn,* 1614, in-4. figures, demi-rel. veau brun (*Rel. anc.*).

L'ouvrage renferme 9 grandes planches tirées dans le texte, représentant les cérémonies, supplices, etc. de la secte des Anabaptistes au xvi° siècle.

143. STROZZI (Giulio). La Venetia edificata, poema eroico, con gli argomenti del Sig. Francesco Cortesi. *In Venetia, appresso il Pinelli,* 1624, pet. in-fol. mar. rouge, comp. de fil. et dent., fleurons aux angles, dos orné, dent. int.. tr. dor. (*Capé*).

Belle édition imprimée sur deux colonnes en caractères italiques; elle est ornée d'un beau titre gravé avec une vue de Venise, de 3 portraits dont celui de Strozzi, et de 24 planches gravées.

144. BAUDARTIUS (Wilhelmus). Polemographia Auraico-Belgica, sive viva delineatio, ac descriptio omnium prœliorum, obsidionum, aliarumque rerum memoratu dignarum quae, durante bello adversus Hispaniarum regem in Belgii provinciis, sub ductu ac moderamine Guilelmi et Mauritii Ill. Auraicorum, etc. principum auspiciis potentissimorum ordinum generalium gestae sunt. *Amstelodami, apud Mich. Colinaeum,* 1622, 2 parties en 1 vol. in-4 oblong, veau brun (*Rel. anc.*).

Ouvrage orné de 285 planches gravées en taille-douce : portraits, sièges, batailles, etc. durant les guerres des Pays-Bas, sous le commandement des princes d'Orange et de Nassau.

145. LAGNIET (Jacques). Recueil des plus illustres proverbes divisés en trois livres, le premier contient les proverbes moraux, les second les proverbes joyeux et plaisans, le troisiesme représente la vie des gueux en proverbes, mis en lumière par Jacques Lagniet. *A Paris, s. d.* (1657-1663), in-4, veau brun, fil.. dos orné, dent. int., tr. dor. (*Rel. mod.*).

Cet exemplaire contient 143 planches :
1° Proverbes moraux, 50 pl.
2° Proverbes joyeux, 42 pl.
3° Vie des gueux, 31 pl.
4° Vie de Wlespiegle, 20 pl.
La plupart des planches sont remontées.

146. PERRAULT. Les Hommes illustres qui ont paru en France pendant ce siècle : avec leurs portraits au naturel, par M. Perrault, de l'Académie française. *A Paris, chez Antoine Dezallier*, 1696-1700, 2 tomes en 1 vol. in-fol., veau brun, dos orné, tr. marb. (*Rel. anc.*).

> Exemplaire imprimé sur GRAND PAPIER, contenant les portraits gravés par *Edelinck* et *Lubin* en premier tirage.
> Les portraits de Pascal, Arnauld, Du Cange et Thomassin s'y trouvent, avec leurs notices.
> Reliure fatiguée.

147. COUR DE MOMUS (La), et le jardin de Mars en Europe ; orné des emblèmes politiques, de l'état présent de la guerre. Expliqué par des vers historiques et satyriques... par R. J. recueilli et donné au public. *A Paris, chez Louis de Lis-défleuri, au monarque tombant, avec privilège du roi et du duc d'Anjou*, s. d., pet. in-fol., veau fauve, dos orné, tr. rouges (*Rel. anc.*).

> Violente satire contre Louis XIV et sa cour, ornée de 38 planches gravées.
> Le texte de cet ouvrage est en français et en hollandais.
> Parmi les planches qui ornent ce livre on remarque : Louis XIV pesant des Louis d'or, devant Arlequin ; le vacarme de Trianon ou le nouvel hotel des filles et fils naturels de Louis le Soleiller ; Mme de Maintenon et le dauphin à genoux devant Louis XIV ; le roi de papier quittant la cour d'Espagne, etc., etc.
> Mouillures et raccommodages.

148. CHERTABLON (de). La Manière de se bien préparer à la mort par des considérations sur la Cène, la Passion et la mort de Jésus-Christ. Avec de très belles estampes emblématiques expliquées. *A Anvers, chez George Gallet*, 1700, in-4, mar. brun, jans., dent. int., tr. dor. (*Hardy*).

> 42 planches par *Romain de Hooghe*.
> Exemplaire à toutes marges.

B. — LIVRES ILLUSTRÉS DU XVIIIᵉ SIÈCLE
ET DU COMMENCEMENT DU XIXᵉ.

149. LA MOTTE (De). Fables nouvelles dédiées au Roi, par M. de La Motte avec un discours sur la fable. *A Paris, chez Gré-*

goire Dupuis, 1719, in-4, mar. rouge, fil., dos orné, dent. int., tr. dor. (*Chambolle-Duru*).

1 fleuron sur le titre par *Vleughels*, gravé par *Simonnet*, 1 frontispice par *Coypel* gravé par *Tardieu* et 100 vignettes par *Coypel*, *Gillot*, *Edelinck*, *B. Picart* et *Rane*, gravées par *Cochin*, *Tardieu*, *Edelinck*, *Gillot*, etc.

Exemplaire imprimé sur GRAND PAPIER.

150. LA MOTTE (De). Fables nouvelles, dédiées au roy, avec un discours sur la fable. Quatrième édition avec figures. *A Amsterdam, chez R. et J. Wetstein, et G. Smith*, 1727, 2 tomes en 1 vol. in-12, mar. vert, fil., dos orné, dent. int., tr. dor. (*Rel. mod.*).

1 frontispice par *Coypel*, gravé par *Edelinck* et 99 figures non signées, dans des encadrements gravés.

151. REPRAESENTATIO belli ob successionem in regno hispanico auspiciis trium Caesarum Leopoldi I Josephi I et Caroli VI intra 14 annos victoriosis armis et progressibus usque ad pacem Badensem felicissime et fortissime gesti, etc. *Cura atque sumptibus Jeremiae Wolffii haeredum, Augustae Vindelicorum, s. d.*, gr. in-folio, figures, mar. vert, compart. de fil. noirs, dent. int., tr. dor. (*Gruel*).

Bon exemplaire contenant les 50 planches, dessinées par *Decker* et *Rugendas*, gravées par *J.-A. Corvinus*, *J.-J. Kleinschmidt*, *J. de Montalègre* et *M. Engelbrecht*.

152. BOILEAU. Œuvres de Nicolas Boileau Despréaux, avec des éclaircissemens historiques donnez par lui-même. Nouvelle édition revue, corrigée et augmentée de diverses remarques, enrichie de figures gravées par Bernard Picart le Romain. *A La Haye, chez Pierre de Hondt*, 1729, 2 vol. in-fol., mar. rouge, fil., fleurons aux angles, dos orné, dent. int., tr. dor. (*Rel. anc.*).

Belle édition ornée d'un frontispice gravé, d'une vignette, de 28 culs-de-lampe et de 6 figures pour le « Lutrin », par *Bernard Picart*.

Reliure signée de Husson, relieur de Stanislas Leczinski.

153. RÉGNIER. Les Satyres et autres œuvres de Régnier, avec des

remarques (par *Brossette*). *A Londres, chez Lyon et Woodman,* 1729, in-4, mar. rouge. fil., dos orné, dent. int., tr. dor. (*Rel. anc.*).

> Frontispice par *Humblot,* gravé par *Tardieu,* fleuron sur le titre, gravé par *Baquoy,* 6 vignettes par *Humblot,* gravées par *Mathey, Baquoy,* et *Crépy,* et 5 lettres ornées, gravées par *Mathey.*
> Bel exemplaire.

154. OVIDE. Les Métamorphoses d'Ovide, en latin, traduites en françois, avec des remarques, et des explications historiques par M. l'abbé Banier. Ouvrage enrichi de figures en taille douce, gravées par B. Picart, et autres habiles maîtres. *A Amsterdam, chez R. et J. Wetstein et G. Smith,* 1732, 2 tomes en 1 vol. gr. in-fol., mar. rouge, fil., dos orné, dent. int., tr. dor. (*Rel. anc.*).

> 1 frontispice par *B. Picart,* fleuron sur chaque titre par *V. Overbeke,* 1 vignette en tête de la dédicace, gravée par *Bernaerts,* lettre ornée, 124 figures dans le texte, par *Lebrun, Leclère, Maas, Picart, Punt, J. Romain,* etc., et 3 grandes planches contenant chacune 2 belles figures par *Lebrun,* gravées par *Folkema.*

155. HORATIUS. Quinti Horatii Flacci opera. *Londini, æneis tabulis incidit Johannes Pine,* 1733-1737, 2 vol. in-8, chagrin La Vall., jans., fil. int., tr. dor. (*Rel. mod.*).

> Exemplaire de PREMIER TIRAGE.
> Ouvrage recherché. Texte gravé, 2 fleurons, 2 frontispices, 225 illustrations et en-têtes ornés.

156. RÉGNIER. Satyres et autres œuvres de Régnier, accompagnées de remarques historiques (par Brossette). Nouvelle édition considérablement augmentée (par Lenglet du Fresnoy). *A Londres, chez Jacob Tonson,* 1733, pet. in-fol. mar. citron, fil., dos orné, dent. int., tr. dor. (*Rel. anc.*).

> Exemplaire imprimé sur GRAND PAPIER.
> 1 frontispice par *Natoire,* gravé par *L. Cars,* 1 fleuron sur le titre par *Cochin,* 7 vignettes et 15 culs-de-lampe par *Boucher* et *Natoire,* gravés par *Cochin.*
> Belle édition dont les pages sont ornées d'un encadrement tiré en rouge.

157. **MOLIÈRE.** OEuvres. Nouvelle édition. *A Paris*, 1734, 6 vol.
in-4, veau marb., fil., fleurons aux angles, dos orné, tr. rouges
(*Rel. anc.*).

> Exemplaire de PREMIER TIRAGE. Portrait par *Coypel*, gravé par *Lépicié*,
> 1 fleuron sur chaque titre, 33 figures par *Boucher*, gravées par *Laurent
> Cars* et 198 vignettes et culs-de-lampe par *Boucher*, *Blondel* et *Oppenord*.
> Taches d'eau dans le haut de plusieurs feuillets du 6e volume.

158. **PARNY.** Opuscules de M. le Ch{er} de Parny. Cinquième édition corrigée et augmentée. *A Londres*, 1787, 2 vol. in-18,
mar. vert, fil., dos orné, dent. int., tr. dor. (*Rel. anc.*).

> 2 frontispices et 5 figures par *Coulet*.

159. **CERVANTES.** Vida y hechos de ingenioso hidalgo Don
Quixote de la Mancha, compuesta por Miguel de Cervantes Saa-
vedra. *En Londres, por R. Tonson*, 1738. 4 vol. in-4. veau fauve,
fil., dos orné, tr. dor. (*Rel. mod.*).

> Portrait et 68 figures par *Vanderbank*, gravées par *Vertue* et *Van der
> Gucht*.

160. **RABELAIS.** OEuvres de maître François Rabelais, avec des
remarques historiques et critiques de M. Le Duchat. Nouvelle
édition, ornée de figures de B. Picart, etc., augmentée de quantité de nouvelles remarques de M. Le Duchat, de celles de l'édition angloise des œuvres de Rabelais, de ses lettres et de plusieurs pièces curieuses et intéressantes. *A Amsterdam, chez Jean
Frédéric Bernard*. 1741, 3 vol. in-4, veau fauve, fil., dos orné,
tr. rouges (*Rel. anc.*).

> Édition estimée ornée d'un frontispice par *Folkema*, d'un titre par B.
> Picart, pour les tomes I et III, 1 fleuron sur chaque titre, 3 gravures topo-
> graphiques, 1 portrait de Rabelais gravé par *Tanjé*, 8 culs-de-lampe par *B.
> Picart*, 12 estampes par *Du Bourg*, gravées par *Bernaerts*, *Folkema* et *Tanjé*,
> et 1 carte.
> Reliure fatiguée.

161. **MONTESQUIEU.** Le Temple de Gnide (par Montesquieu)
revu, corrigé et augmenté. *Londres (Paris, Huart*, 1742), pet.

in-8, veau marb., fil., dos orné, dent. int., tr. dor. (*Rel. anc.*).

Aux armes du duc de JOYEUSE, colonel des grenadiers de France.
Titre gravé avec fleuron, frontispice et 7 vignettes non signées attribuées
à *de Sève*.

162. DUCLOS. Acajou et Zirphile, conte. *A Minutie*, 1744, in-4,
veau jasp., dos orné, tr. rouges (*Rel. anc.*).

1 frontispice et 9 figures par *Boucher*, gravées par *Chédel*, 1 fleuron sur
le titre par *Cochin*, 1 vignette et 1 cul-de-lampe par *Duflos*.

163. RICHARDSON. Pamela, ou la vertu récompensée, traduit de
l'anglois. Troisième édition, revue et enrichie de figures en
tailles-douces. *A Amsterdam, aux dépens de la Compagnie*, 1744-
1745, 4 vol. in-12, mar. rouge, fil., dos orné, dent. int., tr.
dor. (*Rel. anc.*).

4 frontispices et 29 figures par *Punt* et *Yver*.

164. **LONGUS.** Les Amours pastorales de Daphnis et Chloé. *S. l.
(Paris)* 1745, pet. in-4, réglé, mar. blanc, plats ornés d'un grand
encadrement de fleurs et d'œillets dorés et peints, milieu orné
d'une petite corbeille contenant une grande gerbe de fleurs, dos
orné, dent. int., tr. dor. (*Rel. anc.*).

Figures du Régent.
Exemplaire imprimé sur GRAND PAPIER recouvert d'une curieuse reliure bien
conservée.

165. CERVANTES. Les principales Aventures de l'admirable Don
Quichotte, représentées en figures par Coypel, Picart le Romain
et autres habiles maîtres : avec les explications des 31 planches
de cette magnifique collection, tirées de l'original espagnol de
Miguel de Cervantes. *A la Haye, chez Pierre de Hondt*, 1746, gr.
in-4, mar. vert, fil., dos orné du chiffre M. A., doubl. et gardes
de moire rouge, tr. dor. (*Hardy-Mennil*).

Exemplaire de PREMIER TIRAGE, contenant les figures AVANT les numéros.
Aux armes du prince d'ESSLING.

166. BOILEAU. Œuvres de M. Boileau Despréaux. Nouvelle édi-

tion, avec des éclaircissements historiques donnés par lui-même, et rédigés par M. Brossette ; augmentée de plusieurs pièces, tant de l'auteur, qu'ayant rapport à ses ouvrages ; avec des remarques et des dissertations critiques par M. de Saint-Marc. *A Paris, chez David et Durand*, 1747, 5 vol. in-8, mar. rouge, comp. de fil. et pet. dent., dos orné, dent. int., tr. dor. (*Rel. anc.*).

Belle édition ornée d'un portrait par *Rigaud*, gravé par *Daullé*, d'un fleuron sur chaque titre, de 39 vignettes, 25 culs-de-lampe par *Eisen*, gravés par *Boucher*, *Aveline*, *De La Fosse* ou non signés et de 6 belles figures pour le *Lutrin*, non signées, mais de *Cochin*.

167. ÉRASME. L'Éloge de la folie, traduit du latin d'Érasme par M. Gueudeville. Nouvelle édition revue et corrigée sur le texte de l'édition de Basle, ornée de nouvelles figures. Avec des notes (par Meunier de Querlon). *S. l. (Paris)*, 1754, in-4, mar. rouge, fil., marottes aux angles et au dos, dent. int., tr. dor. (*Allô*).

Exemplaire imprimé sur grand papier, tiré de format in-4.
1 frontispice, 1 fleuron sur le titre, 13 figures, 1 vignette et 1 cul-de-lampe par *Eisen*, gravés par *Aliamet*, *Flipart*, *Legrand*, *Le Mire*, etc.

168. LUCREZIO Caro (Di Tito) della natura delle cose, libri sei, tradotti dal latino in italiano da Alessandro Marchetti... *In Amsterodamo (Paris)*, 1754, 2 vol. gr. in-8, mar. vert, fil. et large dent. à petits fers, avec semis de petites fleurs de lis, dos orné, dent. int., tr. dor. (*Rel. anc.*).

2 frontispices et 2 titres par *Eisen*, gravés par *Lemire*, 6 figures, 7 vignettes et 5 culs-de-lampe, par *Eisen*, *Cochin*, *Le Lorrain*, etc., gravés par *Baquoy*, *Flipart*, *Chenu*, *Aliamet*, etc.
La reliure est défraîchie.

169. **LA FONTAINE.** Fables choisies, mises en vers par J. de La Fontaine. *A Paris, chez Desaint et Saillant*, 1755-1759, 4 vol. in-fol., mar. rouge, fil., dos orné, dent. int., tr. dor. (*Rel. anc.*).

Bel exemplaire du PREMIER TIRAGE, imprimé sur PAPIER DE HOLLANDE.
Frontispice et 275 figures par *Oudry*, gravées par *Aubert*, *Aveline*, *Baquoy*, *Cars*, *Chedel*, etc.
La figure du « *Singe et du Léopard* » est avant l'inscription.

170. **LONGUS**. Les Amours pastorales de Daphnis et de Chloé,
par Longus. Double traduction du grec en françois, de M. Amiot
et d'un anonime, mises en parallèle, et ornées des estampes originales du fameux B. Audran, gravées aux dépens du feu duc
d'Orléans. *A Paris, imprimées pour les curieux,* 1757, pet. in-4,
veau fauve, fil., dos orné, dent. int., tr. dor. (*Rel. anc.*).

Édition contenant en plus des figures de l'édition de 1718 retouchées, et
entourées de cadres ornés par *Fokke,* 1 fleuron sur le titre, 8 vignettes par
Eisen et 8 culs-de-lampe par *Cochin,* gravés par *Fokke,* les mêmes que dans
l'édition grecque et latine de 1754. La figure des *Petits pieds* est différente
de celle que l'on joint à l'édition originale. Les culs-de-lampe sont ceux de
l'édition de 1745, mais agrandis et retournés.

171. **BOCCACE**. Le Décameron de Jean Boccace (trad. par Le
Maçon). *Londres (Paris),* 1757-1761, 5 vol. in-8, veau fauve,
fil., dos orné, dent. int., tr. dor. (*Rel. anc.*).

5 titres, 1 portrait, 110 figures et 97 culs-de lampe par *Gravelot, Bou-
cher, Cochin* et *Eisen,* gravés par *Aliamet, Baquoy, Flipart, Lempereur, Le
Mire,* etc.
On y a ajouté le frontispice gravé des « *Estampes galantes* ».

172. **PRIX DE LA BEAUTÉ** (Le), ou les couronnes, pastorale en
trois actes et un prologue, avec divertissemens sur des airs choisis et nouveaux (par Goudot). *A Paris, chez de Lormel,* 1760.
in-4, veau jaspé, fil., dos orné, tr. rouges (*Rel. anc.*).

Un des livres illustrés du xviii⁰ siècle les plus rares.
Il est orné d'un frontispice (répété 2 fois) par *Martinet,* gravé par *Thérèse Martinet,* 1 fleuron sur le titre, dessiné et gravé par *Thérèse Martinet,*
1 vignette, 1 lettre ornée, 4 jolies figures par *Martinet* et 1 cul-de-lampe par
Thérèse Martinet et 24 ff. de musique gravée.

173. **RACINE**. Œuvres. *A Paris,* 1760, 3 vol. in-4, mar. vert,
pet. dent., dos orné, tr. dor. (*Rel. anc.*).

1 portrait par *Daullé,* 1 fleuron sur chaque titre par *De Sève,* 12 figures,
13 vignettes et 60 culs-de-lampe, par *De Sève,* gravés par *Aliamet, Baquoy,
Flipart, Legrand, Lemire,* etc.

174. **LA FONTAINE**. Contes et nouvelles en vers, par M. de La

Fontaine. *A Amsterdam (Paris, Barbou)*, 1762, 2 vol. in-8, mar. rouge, fil., dos orné, dent. int., tr. dor. (*Rel. anc.*).

Édition dite des Fermiers généraux ; ornée des portraits de La Fontaine d'après *Rigaud*, gravé par *Fiquet*, d'*Eisen* d'après *Vispré*, gravé par *Ficquet* et de *Choffard* en cul-de-lampe, gravé par lui-même, de 80 figures par *Eisen*, gravées par *Aliamet*, *Baquoy*, *Choffard*, *Leveau*, etc.

4 vignettes et 53 culs-de-lampe par *Choffard*.

Le portrait de Choffard est avant les tailles.

175. OVIDIO. Epistole eroiche di P. Ovidio Nasone, tradotte da Remigio Fiorentino. *In Parigi, appresso Durand*, 1762, in-8, mar. rouge, fil., dos orné, dent. int., tr. dor. (*Rel. anc.*).

Portrait d'Ovide, 1 titre, 22 vignettes et 8 culs-de-lampe gravés par *Grégori*, d'après les dessins de *Zocchi*.

Légères mouillures aux derniers feuillets.

176. **LA FONTAINE.** Fables choisies mises en vers par J. de La Fontaine. Nouvelle édition gravée en taille-douce, les figures par le s^r Fessard, le texte par le s^r Montulay, dédiées aux Enfans de France. *A Paris, chez l'auteur*, 1765-1775, 6 vol. in-8, mar. rouge, fil. et fleurons aux angles, dos orné, dent. int., tr. dor., (*Rel. anc.*).

1 frontispice, un écusson au tome Ier, 244 figures, 243 vignettes et 229 culs-de-lampe par *Bardin*, *Bidault*, *Caresme*, *Desrais*, *Huet*, *Leclère*, *Leprince*, etc.

Bel exemplaire de PREMIER TIRAGE ; les reliures sont très fraîches.

177. MARMONTEL. Contes moraux. *A Paris, chez J. Merlin*, 1765, 3 vol. in-8, veau écaille, fil., dos orné, dent. int., tr. dor. (*Rel. anc.*).

Bel exemplaire de PREMIER TIRAGE, avec l'errata.

Portrait par *Cochin*, gravé par *Saint-Aubin*, 3 titres et 23 figures par *Gravelot*, gravés par *Baquoy*, *Legrand*, *Le Mire*, *Le Veau*, etc.

178. MONNET. Anthologie françoise, ou chansons choisies, depuis le 13e siècle jusqu'à présent. *S. l. (Paris)*, 1765, 3 vol. in-8, veau marb., fil., dos orné, tr. dor. (*Rel. anc.*).

1 portrait de Monet par *Cochin*, gravé par *Saint-Aubin*, et 3 frontispices par *Gravelot*, gravés par *Le Mire*.

179. DORAT. Les Tourterelles de Zelmis. (*Paris*, 1766), titre gravé, 1 figure, 1 vignette et 1 cul-de-lampe par Eisen, gravés par De Longueil. — Réponse de Valcour à Zeïla, précédée d'une lettre de l'auteur à une femme qu'il ne connaît pas. *A Paris, Séb. Jorry*, 1766, 1 figure, 1 vignette et 1 cul-de-lampe par Eisen, gravés par De Longueil et Aliamet. — Lettre de Zeïla, jeune sauvage, esclave à Constantinople, à Valcour... *A Paris, Séb. Jorry*, 1764, 1 figure, 1 vignette et 1 cul-de-lampe par Eisen, gravés par De Longueil. En 1 vol. in-8, veau fauve, fil., tr. rouges (*Rel. anc.*).

> Ces trois ouvrages sont de Dorat et imprimés sur papier de Hollande.

180. DU ROSOI. Les Sens, poème en six chants. *A Londres (Paris)*, 1766, in-8, veau porph., dos orné, tr. marb. (*Rel. anc.*).

> 7 figures, 6 vignettes et 2 culs-de-lampe par *Eisen* et *Wille*, gravés par *de Longueil.*

181. OVIDE. Les Métamorphoses d'Ovide en latin et en françois, de la traduction de M. l'abbé Banier, avec des explications historiques. *A Paris, chez Le Clerc*, 1767-1771, 4 vol. in-4, mar. rouge, encad. de fil. dor et dent. à froid, milieu orné à froid, dos orné, dent. int., tr. dor. (*Vogel*).

> Exemplaire de PREMIER TIRAGE.
> 1 frontispice, 3 pp. de dédicace, 4 fleurons sur les titres, 30 vignettes, 1 cul-de-lampe et 140 figures par *Boucher, Eisen, Gravelot, Monnet*, etc., gravées par *Baquoy, Basan, Leroy, Massard, Née, Ponce*, etc.

182. TERENTIUS. P. Terentii Afri comœdiae ex recensione Danielis Heinsii collata ad antiquissimos mss. codices bibliothecae Vaticanae cum variantibus lectionibus larvis et personis depromptis ex eisdem codicibus et italica versione. Recensuit, notasque antiquam artem comicam, et nonnulla antiquitatum romanarum monumenta illustrantes addidit Carolus Cocquelines. *Romae, Impensis Nicolai Roisechii Bibliopolae*, 1767, 2 vol. infol., mar. bleu à longs grains, fil. et dent. or et à froid, dos orné, dent. int., tr. dor. (*Simier*).

> Belle édition ornée de nombreuses figures gravées en taille-douce.

183. FENOUILLOT DE FALBAIRE. Œuvres. *A Paris, chez Merlin et Delalain*, 1768-1771, in-8, mar. rouge, fil., et fleurons aux angles, dos orné, dent. int., tr. dor. (*Rel. anc.*).

> Ce recueil orné de 11 figures par *Gravelot*, gravées par *Binet*, *de Launay*, *Levasseur*, *de Longueil*, etc. contient : L'HONNÊTE CRIMINEL, ou l'amour filial, drame en cinq actes en vers, 1768. — LES DEUX AVARES, comédie en 2 actes en prose, mêlée d'ariettes, 1770. — LE FABRICANT DE LONDRES, drame en cinq actes, en prose, 1771.

184. HÉNAULT (le Président). Nouvel abrégé chronologique de l'histoire de France, contenant les événemens de notre histoire depuis Clovis jusqu'à la mort de Louis XIV, les guerres, les batailles, les sièges, etc., nos loix, nos mœurs, nos usages, etc. Nouvelle édition augmentée et ornée de vignettes et fleurons en taille-douce. *A Paris, de l'Imp. de Prault*, 1768, 2 vol. in-4, mar. rouge, fil., dos orné, dent. int., tr. dor. (*Rel. anc.*).

> 1 fleuron sur chaque titre par *Cochin*, portrait de Marie Leczinska gravé par *Gaucher* d'après *Nattier* en tête de la dédicace gravée, 3 vignettes par *Cochin* gravées par *Moreau*, 3 lettres ornées par *Chédel*, 30 culs-de-lampe par *Moreau* et 1 grand cul-de-lampe occupant toute la page à la fin du règne de Louis XIV.
>
> Bel exemplaire de J.-J. de Bure, de G. Chartener et du comte de Mosbourg.

185. LUCRÈCE, traduction nouvelle, avec des notes par M. L* G* (La Grange). *A Paris, chez Bleuet*, 1768, 2 vol. in-8, mar. rouge, fil. et pet. dent., dos orné, dent. int., tr. dor. (*Rel. anc.*).

> Édition imprimée sur papier de Hollande, ornée d'un titre gravé et de 6 figures par *Gravelot*, gravées par *Binet*.
>
> Bel exemplaire auquel on a ajouté la suite du frontispice et des 6 figures de l'édition de 1795, en épreuves AVANT la lettre.

186. VOLTAIRE : Suite d'un frontispice, de 32 figures par Gravelot, gravées par Le Vasseur, Massard, Leveau, Duclos, etc., et de 6 portraits d'après La Tour, Jannet, Gardelle, etc., pour l'édition de Genève 1768. In-4, cartonné.

> On y a joint 2 figures et un portrait de Voltaire remontés.

187. COQUELEY DE CHAUSSEPIERRE. Le Roué vertueux

poème en prose, en quatre chants, propre à faire, en cas de besoin, un drame à jouer deux fois par semaine. Seconde édition à laquelle on a joint la lettre d'un jeune métaphisicien. *A Lausanne (Paris)*, 1770, in-8, veau fauve, fil., dos orné, dent. int., tr. jasp. (*Rel. anc.*).

Fleuron sur le titre, frontispice et 4 figures gravés au lavis par *Le Prince*.

188. **DESFONTAINES**. Les Bains de Diane ou le triomphe de l'amour, poème. *A Paris, chez J.-P. Costard*, 1770, in-8, cartonné.

Titre par *Marillier*, gravé par *de Ghendt*, et 3 figures par *Marillier*, gravées par *Massard*, *Ponce* et *Voyez*.
Exemplaire grand de marges.

189. **DORAT**. Les Baisers, précédés du mois de mai, poème (par Dorat). *A La Haye, et se trouve à Paris, chez Lambert et Delalain*, 1770, in-8, mar. vert, fil., fleurons, dos orné, dent. int., tr. dor. (*Rel. anc.*).

Exemplaire imprimé sur GRAND PAPIER DE HOLLANDE; titre rouge et noir.
Frontispice par *Eisen*, gravé par *Ponce*, 1 figure par le même gravée par *de Longueil*, 23 vignettes, 1 fleuron sur le titre et 22 culs-de-lampe par *Eisen* et *Marillier*, gravés par *Aliamet*, *Baquoy*, *Delaunay*, *Lingée*, *Née*, etc.
On a relié dans le volume : Imitations de poètes latins. — Régulus, et la feinte par amour, comédie en trois actes, par Dorat. *A Paris, chez Delalain*, 1763, frontispice par *Marillier*.

190. **DORAT**. Lettres d'une chanoinesse de Lisbonne, à Melcour, officier françois, précédées de quelques réflexions. *A La Haye, et se trouve à Paris, chez Lambert*, 1770, 1 figure, 1 vignette et 1 cul-de-lampe par Eisen, gravés par Massard. — Ma Philosophie. *A La Haye, et se trouve à Paris, chez Delalain*, 1771, 1 figure par Marillier, gravée par de Ghendt. — Idylles de Saint-Cyr, ou l'hommage du cœur. *A Amsterdam, et se trouve à Paris chez Delalain*, 1771, 1 frontispice, 1 vignette par Marillier, gravés par De Ghendt, et 1 cul-de-lampe gravé par Duclos. En 1 vol. in-8, veau écaille, fil., dos orné, dent. int., tr. dor. (*Rel. anc.*).

Ces trois ouvrages de Dorat sont imprimés sur GRAND PAPIER.

191. RECUEIL, de 126 figures publiées par Martinet pour illustrer les pièces dramatiques de Favart, Marmontel, Poinsinet, Sedaine, etc., en 1 vol. in-4, dos et coins veau fauve, tr. rouges (*Rel. anc.*).

Ce recueil comprend 21 suites de chacune 6 figures dessinées par *Queverdo, Desrais, Martinet*, etc., et gravées par *Duhamel, Thérèse Martinet, Patas*, etc.

192. VIRGILE. Les Géorgiques, traduction nouvelle en vers françois (avec le texte latin en regard), enrichie de notes et de figures ; par M. Delille. *A Paris, chez C. Bleuet*, 1770, gr. in-8, mar. rouge, fil., dos orné, dent. int., tr. dor. (*Rel. anc.*).

4 figures par *Eisen*, gravées par *de Longueil*. Le frontispice par *Casanova* manque.

193. DU BUISSON. Le Tableau de la volupté, ou les quatre parties du jour, poème en vers libres, par M. D. B. (Du Buisson). *A Cythère, au Temple du plaisir*, 1771. pet. in-8, veau porph., fil., dos orné, tr. marb. (*Rel. anc.*).

Frontispice, 4 figures, 4 vignettes et 4 culs-de-lampe par *Eisen*, gravés par *De Longueil*.
Première édition d'un joli livre devenu rare.

194. LÉONARD. Poésies pastorales, suivies de la Voix de la nature, poème, des lettres de Sainville et de Sophie, et d'autres pièces en vers et en prose, par M. Léonard. *A Genève et à Paris, chez Lejay*, 1771, in-8, mar. rouge, fil., dos orné, dent. int., tr. dor. (*Rel. anc.*).

1 frontispice par *Marillier*, gravé par *de Ghendt*, 2 vignettes et 2 culs-de-lampe par *Eisen*, gravés par *Aliamet* et *de Ghendt*.
Dans le même volume : Le Temple de Gnide, poème, imité de Montesquieu par M. Léonard. Nouvelle édition ornée de figures en taille-douce, et augmentée de l'amour vengé. *A Paris, chez Dufour*, 1773, frontispice et 10 figures (sur 11) par *Desrais*, gravées par *Demonchy, Villain* et *Patas*.

5. TASSO (T.). La Gerusalemme liberata di Torquato Tasso.

In Parigi, appresso Ag. Delalain, 1771, 2 vol. in-8, veau marb., fil., dos orné, dent. int., tr. dor. (*Rel. anc.*).

> 2 frontispices avec le portrait du Tasse et de Gravelot, 2 titres gravés avec fleurons par *Drouet,* 1 dédicace avec vignette par *Le Roy,* 20 figures, 9 grands culs-de-lampe et 14 petits à la fin des chants et 20 vignettes en-tête avec portraits, par *Gravelot,* gravés par *Baquoy, Duclos, Leveau, Le Roy, Lingée,* etc.
>
> Exemplaire de la marquise de Pons, avec son ex-libris à l'intérieur des volumes dont le dos est orné du fer à l'oiseau.

196. ARNAUD (d'). Épreuves du sentiment. *A Paris, chez Le Jay,* 1772, 2 vol. in-8, mar. rouge, fil., dos orné, dent. int., tr. dor. (*Rel. anc.*).

> Tomes I et II ; la reliure est ornée d'armoiries. Portrait en médaillon sur chaque titre, 11 figures, 11 vignettes et 11 culs-de-lampe par *Eisen* et *Marillier,* gravés par *Binet, de Ghendt, Halbou, Lingé,* etc.

197. BERNARD. L'Art d'aimer, et poésies diverses de M. Bernard. *S. l. n. d. (Paphos,* 1775), frontispice et 3 figures par Martini, gravés par Baquoy, Gaucher et Patas. — Phrosine et Mélidore, poème en quatre chants (par M. Bernard). *A Messine et se trouve à Paris, chez Le Jay,* 1772, 4 figures par Eisen, gravées par Baquoy et Ponce. — Ens. 1 vol. in-8, mar. rouge, fil. et fleurons aux angles, dos orné, dent. int., tr. dor. (*Rel. anc.*).

> Bel exemplaire.

198. DORAT. Fables ou allégories philosophiques par M. Dorat. *A La Haye, et se trouve à Paris, chez Delalain,* 1772, in-8, cartonné.

> Première édition des *Fables,* et premier tirage des frontispices et fleurons qui ont servi pour l'édition de 1773.
>
> Le volume contient 1 frontispice par *Marillier,* gravé par *De Ghendt,* 1 figure allégorique gravée par *De Launay,* 1 fleuron sur le titre, 1 vignette et 1 cul-de-lampe par *Marillier,* gravés par *Ponce, Lingée* et *Masquelier.*

199. MONTESQUIEU. Le Temple de Gnide, nouvelle édition avec figures gravées par M. Le Mire, d'après les dessins de Ch. Eisen.

Le texte gravé par Drouet. *A Paris, chez Le Mire,* 1772, gr.
in-8, veau fauve, dos orné, tr. marb. (*Rel. anc.*).

Titre gravé, frontispice avec le portrait de Montesquieu en médaillon,
armes d'Angleterre en tête de la dédicace et 9 figures d'*Eisen,* gravées par
Le Mire, dont 2 pour *Céphise* et l'*Amour.*

200. MONTESQUIEU. Le Temple de Gnide... Même ouvrage.
A Paris, chez Le Mire, 1772, gr. in-8, cartonné.

201. ANACRÉON, Sapho. Bion et Moschus. traduction nouvelle
en prose, suivie de la veillée des fêtes de Vénus, et d'un choix de
pièces de différents auteurs par M. M*** C*** (Moutonnet de
Clairfonds). *A Paphos, et se trouve à Paris, chez Le Boucher,*
1773, in-8, veau écaille, fil., dos orné. tr. marb. (*Rel. anc.*).

Premier tirage.

1 frontispice, 12 vignettes et 13 culs-de-lampe par *Eisen,* gravés par
Massard.

Exemplaire portant sur un plat, en lettres dorées, le nom : *Le Mis d'Estampes.* On y a ajouté *Héro et Léandre,* 1774; in-8, veau, en reliure un peu
différente.

202. **CHOIX DE CHANSONS** mises en musique par M. de La
Borde, premier valet-de-chambre ordinaire du roi ; ornées d'estampes par J.-M. Moreau. *A Paris, chez de Lormel,* 1773,
4 tomes en 2 vol. gr. in-8, mar. rouge, fil., dos orné, dent.
int., tr. dor. (*Rel. anc.*).

Texte et musique gravés par Moria et Mlle Vendome, 1 titre gravé avec
fleuron par *Moreau,* 4 frontispices par *Moreau, Le Bouteux* et *Le Barbier,*
gravés par *Masquelier* et *Née* et 100 figures par *Moreau, Le Bouteux, Le
Barbier* et *Saint-Quentin,* gravés par *Moreau, Masquelier* et *Née.*

Bel exemplaire très grand de marges et tiré sur papier très blanc ; il renferme le portrait de La Borde, dit « *à la lyre* », gravé en 1774.

Les pièces des titres, au dos des reliures, sont plus modernes.

203. DIDEROT et GESSNER. Contes moraux et nouvelles idylles
de D... (Diderot) et Salomon Gessner. *A Zuric, chez l'auteur,*
1773. in-4, veau fauve, fil., fleurons aux angles, dos orné, tr.
marb. (*Rel. anc.*),

Titre gravé, 3 vignettes, 10 figures et 12 culs-de-lampe dessinés et
gravés à l'eau-forte par *S. Gessner.*

204. DORAT. Fables nouvelles de M. Dorat. *A La Haye, et se trouve à Paris, chez Delalain*, 1773, 2 tomes en 1 vol. in-8, dos et coins veau fauve, tr. rouges (*Rel. mod.*).

> PAPIER DE HOLLANDE.
>
> 2 frontispices, par *Marillier*, gravés par *De Ghendt*, 1 figure, 1 fleuron sur le titre, 99 vignettes et 99 culs-de-lampe par *Marillier*, gravés par *Arrivet, Baquoy, de Ghendt, Duflos, Aliamet*, etc.
>
> Le premier volume est de la réimpression en plus gros caractères.

205. DORAT. Fables nouvelles par M. Dorat. *A La Haye, et se trouve à Paris, chez Delalain*, 1773, in-8, veau écaille, fil., fleurons aux angles, dos orné, dent. int., tr. dor. (*Rel. anc.*).

> Premier volume seul, en premier tirage et imprimé sur PAPIER DE HOLLANDE.

206. LE VAYER DE BOUTIGNY. Tarsis et Zélie, nouvelle édition. *A Paris, chez Musier*, 1774, 6 part. en 3 vol. gr. in-8. mar. vert, fil., dos orné. dent. int., tr. dor. (*Rel. anc.*).

> 3 frontispices par *Cochin, Moreau* et *Eisen*, gravés par *Gaucher, Ponce* et *Née*, 1 fleuron sur chaque titre gravé par *Née* et 20 vignettes par *Eisen*, gravées par *Helman, de Longueil, Masquelier* et *Massard*.
>
> Armoiries sur les plats des reliures.

207. ARIOSTE. Roland furieux, poème héroïque de l'Arioste. Traduction nouvelle, par M. Dussieux. *A Paris, chez Brunet*, 1775-1783, 4 vol. in-8. veau marb., dos orné. tr. jasp. (*Rel. anc.*).

> 1 portrait de l'Arioste et 92 figures, dont 44 de l'édition en italien et 46 nouvelles par *Cochin* et 2 par *Moreau*, gravées par *de Launay, Lingée* et *Ponce*.
>
> Exemplaire contenant les figures en épreuves AVANT la lettre.

208. BERQUIN. Idylles et romances, par M. Berquin. *A Paris, chez Ruault*, 1775-1776, 3 tomes en 2 vol. pet. in-8, mar. vert, fil. et fleurons aux angles, dos orné, dent. int., tr. dor. (*Rel. anc.*).

> Exemplaire imprimé sur PAPIER DE HOLLANDE contenant les figures de Marillier, en épreuves AVANT les numéros.
>
> Les « Romances » contiennent les 6 feuillets de musique ; ce volume est taché d'eau dans les marges.

209. **BLIN DE SAINMORE.** Joachim ou le triomphe de la piété filiale, drame en trois actes et en vers, suivi d'un choix de poésies fugitives. *Amsterdam, et se trouve à Paris,* 1775, in-8, demi-rel. mar. vert, plats papier ornés d'une petite dent., dos orné, tr. jaunes (*Rel. anc.*).

> 1 figure par *Marillier*, gravée par *Duflos.*

210. **FÉNELON.** Les Aventures de Télémaque par Fénelon (*Paris*) *de l'Imp. de Monsieur,* 1775, 2 vol. in-4, mar. rouge, large dent. à petits fers, dos orné, doubl. et gardes de satin bleu, dent. int., tr. dor. (*Rel. anc.*).

> 2 titres frontispices gravés par *Montulay* et *Saint-Aubin,* 72 planches par *Monnet,* gravées par *Tilliard,* et 24 planches ornées de culs-de-lampe contenant les sommaires.
> Riches reliures dont les dos sont fatigués.

211. **ROUSSEAU (J.-J.).** Pygmalion, scène lyrique de M. J.-J. Rousseau, mise en vers par M. Berquin. Le texte gravé par Drouet. *Paris,* 1775, in-8, cartonn. toile grise.

> Titre gravé et 6 vignettes par *Moreau,* gravées par *De Launay* et *Ponce.*
> Exemplaire avec l'*Idylle,* ornée d'une vignette et d'un cul-de-lampe par *Marillier,* gravés par *Gaucher.*

212. **SAINT-LAMBERT.** Les Saisons, poème, contes, poésies fugitives et fables orientales. *A Amsterdam,* 1775, gr. in-8, veau écaille, fil., dos orné, tr. dor. (*Rel. anc.*).

> 7 figures, 1 fleuron et 4 vignettes par *Moreau,* gravés par *Delaunay, Duclos, Prévost,* etc.

213. **CERVANTES.** Les principales aventures de l'admirable Don Quichotte, représentées en figures par Coypel, Picart le Romain, et autres habiles maîtres, avec les explications des 31 planches de cette magnifique collection, tirées de l'espagnol de Miguel de Cervantes. *A Liège, chez J.-F. Bassompierre,* 1776, in-4, veau fauve, fil. et fleurons aux angles, dos orné, dent. int., tr. dor. (*Rel. anc.*).

> Fleuron sur le titre, vignette par *Schley* en tête de la dédicace et 31 figu-

res par *Coypel, Boucher, Cochin*, etc., gravées par *Fokke, B. Picart, Schley*, etc.

214. DUCLOS. Les Confessions du comte de ***, par M. Duclos. Huitième édition, ornée de belles gravures par les meilleurs maîtres, et augmentée de la vie de l'auteur. *A Londres, et se trouve à Paris, chez Costard*, 1776, 2 parties en 1 vol. in-8, mar. brun, fil., dos orné, dent. int., tr. dor. (*Rel. mod.*).

> 7 jolies figures par *Desrais*, gravées par *Delaunay, Trière, Voysard*, etc.
> On a relié dans le volume : MENGIER. Lettre de Dulis à son ami. *A Londres, et se trouve à Paris*, 1776, 1 figure, 1 vignette par *Moreau*, gravées par *de Longueil*, et 1 cul-de-lampe par *Thérèse Martinet*.

215. IMBERT. Les Bienfaits du Sommeil, ou les quatre rêves accomplis (attribué à Imbert). *A Paris, chez Brunet*, 1776, pet. in-8, broché.

> Apologie de la rentrée de M. de Maurepas aux affaires.
> Titre et 4 jolies figures par *Moreau*, gravées par *Delaunay*.
> Exemplaire de PREMIER TIRAGE, non rogné.

216. LAUJON. Les à propos de société ou chansons de M. L... — Les à propos de la folie, ou chansons grotesques, grivoises et annonces de parade. *S. l. (Paris)*, 1776, ens. 3 vol. in-8, dos et coins chagrin bleu.

> Exemplaire NON ROGNÉ et NON COUPÉ.
> 3 frontispices, 3 figures, 3 vignettes, 3 culs-de-lampe par *Moreau, Duclos, Martini* et *de Launay* ; musique notée.

217. DIONIS DU SÉJOUR (Mlle). Origine des Grâces, par Mademoiselle D... *A Paris*, 1777, in-8, veau fauve, pet. dent. à froid, encad. de fil. noirs, dos orné, tr. dor.

> 6 figures par *Cochin*, gravées par *Aliamet, de Launay, Née, St. Aubin*, etc.
> Sur le premier plat de la reliure se trouve l'inscription suivante en lettres d'or : « *Donné par l'auteur à Mad. Dekairain.* »

218. GESSNER. Salomon Gessners Schrifften. *Zurich, beym Ver-*

Jasser, 1777, 2 tomes en 1 vol. in-4, mar. rouge, tr. dor. (*Rel. anc.*).

2 titres gravés, 5 vignettes, 19 figures et 35 culs-de-lampe dessinés et gravés par *Gessner*.

219. SAINT FOIX (de). OEuvres complettes. *A Paris, chez la veuve Duchesne*, 1778, 6 vol. in-8, mar. rouge, comp. de fil., dent. int., tr. dor. (*Bozérian*).

1 portrait par *Pougin de St. Aubin*, ornementé par *Marillier*, gravé par *Le Mire*; 1 figure dans le tome Ier, par *Marillier*, gravée par *Halbou*, et 1 frontispice dans le tome II, par le même, gravé par *Le Beau*.

Théâtre et lettres turques, 2 vol. — Essais historiques sur Paris, 3 vol. — Histoire de l'ordre du St. Esprit, 1 vol.

Bel exemplaire imprimé sur PAPIER DE HOLLANDE.

220. VOLTAIRE. Romans et contes de M. de Voltaire. *A Bouillon aux dépens de la Société typographique*, 1778, 3 vol. in-8, mar. rouge, fil., dos orné, dent. int., tr. dor. (*Brany*).

Exemplaire contenant les figures AVANT les numéros.

1 fleuron sur chaque titre, portrait de Voltaire gravé par *Cathelin*, d'après *La Tour*, 13 vignettes par *Monnet*, gravées par *Deny*, et 57 figures par *Marillier*, *Moreau*, *Martini* et *Monnet*, gravées par *Dambrun*, *Patas*, *Lorieux*, *Vidal*, etc.

221. BOISARD. Fables. Nouvelle édition, augmentée, avec figures. *A Paris, chez Pissot*, 1779, 2 vol. in-8, veau écaille, fil., dos orné, dent. int., tr. dor. (*Rel. anc.*).

1 fleuron sur chaque titre, 9 figures et 2 culs-de-lampe par *Monnet*, gravés par *Schmitz* et *Saint-Aubin*.

Bel exemplaire imprimé sur PAPIER DE HOLLANDE.

222. FAVRE (de). Les quatre heures de la toilette des dames, poème érotique en quatre chants. *A Paris, chez Jean-François Bastien*, 1779, gr. in-8, broché.

Exemplaire de PREMIER TIRAGE, NON ROGNÉ.

1 frontispice, 1 vignette, 4 figures et 4 culs-de-lampe par *Leclerc*, gravés par *Arrivet*, *Halbou*, *Legrand*, etc.

223. POPE. OEuvres complettes d'Alexandre Pope, traduites en

françois. Nouvelle édition, augmentée du texte anglois mis à
coté des meilleures pièces, et ornée de belles gravures. *A Paris,
chez la veuve Duchesne*, 1779, 8 vol. in-8, mar. rouge, pet. dent.
et fleurons aux angles, dos orné, doubl. et gardes de tabis bleu,
dent. int., tr. dor. (*Rel. anc.*).

1 portrait par *Kneller*, gravé par *Le Beau* et 17 figures par *Marillier*,
gravées par *Dambrun, Duflos, Gaucher, Ingouf*, etc.
Bel exemplaire dans une fraîche reliure, genre Bradel-Derome.

224. HANCARVILLE (D'). Monumens de la vie privée des douze
Césars, d'après une suite de pierres gravées sous leur règne. —
Monumens du culte secret des dames romaines (par Hugues, dit
d'Hancarville). *A Caprée, chez Sabellus (Nancy, Leclerc)*, 1780-
1784. — Ens. 2 vol. in-4, demi-rel. mar. rouge à longs grains,
pet. dent., dos orné, tr. dor. (*Rel. de l'époque*).

2 frontispices gravés et 99 planches (sur 100) dans le genre spintrien.
La planche n° 40 du premier ouvrage : « *Othon avec une vieille et Né-
ron* » manque.
Exemplaires de PREMIER TIRAGE.

225. LA HARPE (De). Tangu et Félime, poème en 4 chants. *Paris, chez Pissot*, 1780, pet. in-8, broché.

Exemplaire NON ROGNÉ.
Titre gravé et 4 jolies figures par *Marillier*, gravées par *Dambrun, de
Ghendt, Halbou et Ponce*.

226. MARGUERITE, reine de Navarre. Heptaméron françois ou
les nouvelles de Marguerite. *Berne, chez la nouvelle Société typographique*, 1780-1781, 3 vol. in-8, mar. rouge, fil., fleurons
aux angles, dos orné, dent. int., tr. dor. (*Brany*).

3 frontispices par *Dunker*, gravés par *Eichler*, 73 figures par *Freudeberg*,
gravées par *Guttenberg, Halbou, Le Roy, De Longueil*, etc., 72 vignettes et
72 culs-de-lampe par *Dunker*, gravés par lui-même, par *Eichler, Pillet* et
Richter.

227. RAYNAL. Histoire philosophique et politique des établissements et du commerce des Européens dans les deux Indes par
Guillaume-Thomas Raynal. *A Genève, chez L. Pellet*, 1780, 10

vol. in-8 et atlas in-4, mar rouge, comp. de fil., dos orné, dent. int., tr. dor. (*Rel. anc.*).

Bel exemplaire.

Portrait et 10 figures par *Moreau*, gravées par *Berthet, Bovinet, Jourdan*, etc. Portrait de Raynal, gravé par *Saint-Aubin*, ajouté.

L'Atlas est de format in-8, les cartes ayant été pliées.

On y a joint : RAYNAL (L'abbé). Réponse à la censure de la faculté de Paris contre l'histoire philosophique et politique des établissements et du commerce des Européens dans les deux Indes. *Londres*, 1782, in-8, portrait, même reliure.

228. **BILLARDON DE SAUVIGNY.** Les Après soupers de la société, petit théâtre lyrique et moral sur les aventures du jour. Nouvelle édition. *A Paris, chez l'auteur*, 1782-1783, 6 tomes en 3 vol. in-18, veau fauve, fil., dos orné, tr. rouges (*Rel. anc.*).

28 figures par *Eisen, Binet* et *Martinet*, gravées par *Aliamet, Berthet, Giraud, de Longueil*, etc., et musique gravée.

Second tirage.

229. **PLAISIRS DE L'AMOUR** (Les), ou recueil de contes, histoires et poèmes galans. *Chez Appollon au Mont-Parnasse (Cazin)*, 1782, 3 tomes en 1 vol. pet. in-12, cartonn., dos et coins mar. vert à longs grains, ébarbé.

Frontispice et 17 jolies figures non signées.

230. **DELILLE.** Les Jardins, ou l'art d'embellir les paysages, poème par M. l'abbé Delille. 2e édition. *A Paris, de l'Imp. de Philippe-Denys Pierres*, 1782, in-8, mar. vert, fil., dos orné, dent. int., tr. dor. (*Rel. anc.*).

Titre gravé avec vignette par *Laurent* et 1 figure par *Cochin*, gravée par *Laurent*.

231. **BORDES.** Parapilla, et autres œuvres libres, galantes et philosophiques, de M. B***. *A Florence, chez Alexandre Paperini*, 1783, in-8, demi-rel. chagrin vert, tr. jasp. (*Rel. mod.*).

5 figures non signées.

232. **DUCLOS.** Les Confessions du comte de ***, écrites par

lui-même à un ami. Sixième édition. *A Amsterdam, et se trouve à Paris, chez Nyon,* 1783, 2 parties en 1 vol. in-8, mar. rouge, fil., dos orné, dent. int., tr. dor. (*Hardy*).

> 7 belles figures par *Desrais*, gravées par *Delaunay, Trière, Voysard, Lingée*, etc.

233. PLUTARQUE. Les Vies des hommes illustres de Plutarque, traduites du grec par Jacques Amyot ; avec des notes et des observations de M. l'abbé Brotier (et Vauvilliers). *A Paris, chez J.-B. Cussac,* 1783-1787, 22 vol. in-8, mar. rouge, pet. dent., dos orné, dent. int., tr. dor. (*Rel. anc.*).

> 22 figures par *Le Barbier, Moreau, Marillier,* etc., gravées par *Baquoy, Halbou, Chateau,* etc.

234. PLUTARQUE. Œuvres complètes de Plutarque, traduites du grec par Jacques Amyot, avec des notes et des observations de M. l'abbé Brotier (et Vauvilliers). *A Paris, chez J.-B. Cussac,* 1783-1805, 25 vol. in-4, mar. rouge, fil., dos orné. dent. int., tr. dor. (*Rel. anc.*).

> Exemplaire imprimé sur grand papier contenant les figures de *Borel, Le Barbier, Marchand,* etc., en épreuves AVANT LA LETTRE.

235. SALZMANN. Kupfer zu Herrn Professor Salzmanns Elementarwerk nach den Zeichnungen Herrn Dan. Chodowiecki, von Herrn Nussbiegel, Herrn Penzel und Herrn Crusius Sen. gestochen. *Leipzig, bey Siegfried Lebrecht Crusius,* 1784, in-8, demi-veau brun (*Rel. anc.*).

> Ce volume, qui renferme 68 planches gravées d'après *Chodowiecki*, a paru séparément, pour illustrer et compléter l'ouvrage d'instruction morale de Salzmann.

236. BRUMOY (Le P.). Théâtre des grecs. Nouvelle édition, enrichie de très belles gravures, et augmentée de la traduction entière des pièces grecques dont il n'existe que des extraits dans toutes les éditions précédentes ; et de comparaisons, d'observations et de remarques nouvelles, par MM. de Rochefort et Du Theil, et par M***. *A Paris, chez Cussac,* 1785-1789, 13 vol.

in-8, mar. rouge, pet. dent., dos orné, dent. int., tr. dor. (*Rel.
anc.*).

23 figures par *Borel, Defraine, Le Barbier, Maréchal*, etc., gravées par
Delignon, Halbou, Langlois, Patas.
Bel exemplaire.

237. FLORIAN. OEuvres de M. de Florian. *A Paris, de l'Imp. de
Didot l'aîné*, 1785-an VII, 21 vol. in-18, mar. rouge, fil., dos
orné, dent. int., tr. dor. (*Rel. anc.*).

GALATÉE, Frontispice avec portrait, dédicace gravée et 4 figures par
Flouest, gravées par *Guyard.*
ESTELLE, 6 figures par *Quéverdo*, gravées par *De Longueil, Dambrun, De-
lignon*, etc.
NOUVELLES NOUVELLES, 6 figures par *Quéverdo*, gravées par *De Longueil,
Dambrun, Dupréel*, etc.
NUMA POMPILIUS, 2 vol.
GONZALVE DE CORDOUE, 3 vol., 13 figures par *Quéverdo*, gravées par *De
Longueil, Dambrun, Delignon*, etc.
LES SIX NOUVELLES, 6 figures par *Quéverdo*, gravées par *De Longueil, Dam-
brun, Delignon*, etc.
THÉATRE, 3 vol., 11 figures par *Quéverdo*, gravées par *Dambrun, de Lon-
gueil, Delignon*, etc.
MÉLANGES DE POÉSIE ET DE LITTÉRATURE, 6 figures par *Quéverdo.*
FABLES, 1 portrait par *Villiers*, gravé par *Gaucher* et 5 figures par
Flouest, gravées par *De Longueil, Delignon, Gaucher*, etc.
DON QUICHOTTE DE LA MANCHE, 6 vol., 24 figures par *Le Febvre* et *Le
Barbier*, gravées par *Coiny, Halbou, Dambrun, Masquelier*, etc.
OEUVRES POSTHUMES, contenant Rosalba, plusieurs fables inédites, etc.,
portrait par *Laplace*, gravé par *Clement* et 4 figures par *Monnet*, gravées par
Gaucher, en épreuves AVANT la lettre.
La reliure des 7 derniers volumes est un peu différente.

238. RICHARDSON. Clarisse Harlowe. Traduction nouvelle et
seule complète : par M. Le Tourneur, faite sur l'édition originale
revue par Richardson ; ornée de figures du célèbre Chodowiecki,
de Berlin. *A Genève, chez Paul Barde, et se trouve à Paris, chez
Moutard*, 1785-1786, 10 vol. in-8, mar. vert., comp. de fil. en
losange, dos orné, dent. int., tr. dor. (*Rel. anc.*).

Portrait par *Pujos* et 21 figures dessinées et gravées par *Chodowiecki.*

Bel exemplaire imprimé sur papier de Hollande, contenant les figures
en épreuves avant la lettre.

Exemplaire d'Hippolyte de Montcalm.

239. VOLTAIRE. OEuvres complètes de Voltaire (avec des aver-
tissements et des notes par Condorcet, imprimées aux frais de
Beaumarchais, par M. Decroix). *De l'Imprimerie de la Société lit-
téraire typographique (Kehl)*, 1785-1789, 70 vol. gr. in-8, veau
porph., pet. dent., dos orné, dent. int., tr. dor. (*Rel. anc.*).

Exemplaire imprimé sur papier vélin contenant : 1° la dédicace gravée,
le portrait de Frédéric-Guillaume et 89 figures (sur 93) de la première suite
de *Moreau*.
2° 107 figures (sur 113) de la seconde suite de *Moreau* et 58 portraits, la
plupart gravés par *Saint-Aubin*.

240. GESSNER. OEuvres de Salomon Gessner (traduites en français par Huber, Meister, et Brutté de Loirelle). *A Paris, chez
l'auteur des estampes, Vve Herissant et Barrois, s. d.* (1786-1793),
3 vol. in-4, veau vert. jaspé, fil. et pet. dent., dos orné, dent.
int., tr. jaunes (*Rel. anc.*).

3 titres gravés, non signés, 1 frontispice avec portrait par *Le Barbier*,
gravé par *Ingouf*, 1 autre frontispice par le même, gravé par *Ponce*, 72
figures, 4 vignettes et 67 culs-de-lampe par *Le Barbier*, gravés par *Allix*,
Baquoy, *Dambrun*, etc.
Le troisième frontispice gravé par *Dambrun*, manque.

241. SERGENT. Portraits des grands hommes, femmes illustres,
et sujets mémorables de France (par Sergent), gravés et imprimés en couleurs, dédiés au roi. *A Paris, chez Blin, s. d.* (1786),
gr. in-4, dem.-rel. mar. vert, dos orné, tr. jasp.

Titre gravé, 96 beaux portraits et 96 planches gravées en couleurs d'après
Sergent.
L'exemplaire renferme la planche de l'indépendance de l'Amérique qui
manque souvent.

242. LÉONARD. OEuvres de M. Léonard. Quatrième édition. *A
Paris, chez Prault*, 1787, 2 vol. pet. in-12, mar. rouge. pet.
dent., dos orné, dent. int., tr. dor. (*Rel. anc.*).

8 figures, dont 7 par *Coiny* et *Vivier*, et 1 par *Moreau*, gravées par *Simon*.

243. CANTIQUES ET POTS-POURRIS. *A Londres (Paris, Cazin)*, 1789, 6 parties en 1 vol. in-18, broché.

> Exemplaire de PREMIER TIRAGE, NON ROGNÉ.
>
> Ce recueil se compose de : *La Chasteté de Suzanne, Agnès Sorel, David et Bethzabée, La Chasteté de Joseph, La Pucelle d'Orléans, Judith et Holopherne*; il est orné d'un frontispice, de 6 figures par *Borel*, gravés par *Elluin*, non signées et de musique gravée.

244. RÉGNARD. OEuvres. Nouvelle édition revue, exactement corrigée et conforme à la représentation. *A Paris, chez Maradan*, 1790, 4 vol. in-8, mar. rouge, pet. dent., dos orné, dent. int., tr. dor. (*Rel. anc.*).

> Portrait non signé et 13 figures, dont 9 par *Borel*, gravées par *Croutelle, Halbou, Duhamel, Le Roy*, etc.
>
> Exemplaire imprimé sur GRAND PAPIER VÉLIN.

245. GRAVURES HISTORIQUES des principaux événements depuis l'ouverture des États généraux et code des lois décrétées par l'Assemblée nationale. *Paris, Janinet*, 1791, in-4, veau jasp. fil., dos orné, dent. int., tête rouge, non rogné (*Rel. mod.*).

> Exemplaire renfermant 54 pièces, celui décrit par M. Tourneux (*Bibliographie de Paris pendant la Révolution*) comme le plus complet connu, ne contient que 52 pièces.
>
> Ces planches, tirées de format in-4, gravées à la manière du lavis par *Janinet* ont été coloriées au moment de la reliure ; 13 sont remontées.
>
> Cet exemplaire ne contient pas le texte. La couverture de la 32ᵉ livraison a été jointe à cette collection.

246. LA FONTAINE. Les Amours de Psyché et de Cupidon, par J. de La Fontaine. Édition ornée de figures imprimées en couleurs, d'après les tableaux de M. Schall. *A Paris, chez Defer de Maisonneuve*, 1791, in-4, veau jasp., fil., dos orné, pet. dent., tr. dor. (*Rel. anc.*).

> 4 figures gravées par *Bonnefoy, Demonchy* et *Colibert*, d'après *Schall*, et tirées en couleurs.

247. TRESSAN (De). Histoire du petit Jehan de Saintré et de la dame des Belles-Cousines, extraite de la vieille chronique de ce

nom par M. de Tressan. *A Paris, de l'Imp. de Didot jeune,* 1791, in-18, mar. rouge, comp. de fil., dos orné, doubl. et gardes de tabis bleu, dent. int., tr. dor. (*Rel. anc.*).

> 4 figures par *Moreau*, gravées par *Dambrun, Halbou* et *De Longueil.*
> Papier vélin.

248. CERVANTES. Galatée, roman pastoral, imité de Cervantes, par M. de Florian. *A Paris, chez Defer de Maisonneuve,* 1793, gr. in-4, veau racine, fil. et pet. dent., dos orné, tr. jasp. (*Rel. anc.*).

> 4 figures par *Monsiau*, gravées par *Cazenave* et *Colibert,* et tirées en couleurs.

249. GESSNER. Mort d'Abel, poème de Gessner, traduit par Hubert. *A Paris, chez Defer de Maisonneuve,* 1793, gr. in-4, demi-rel. veau fauve, tr. marb.

> Exemplaire contenant le frontispice et les cinq figures de *Monsiau,* gravés par *Colibert, Cazenave* et *Clement,* tirées en couleurs, en épreuves AVANT les numéros.

250. HAMILTON. Mémoires du comte de Grammont, par le C. Antoine Hamilton. Edition ornée de 72 portraits, gravés d'après les tableaux originaux. *A Londres, chez Edwards, s. d.* (vers 1794), in-4, mar. vert, fil. et pet. dent., tr. dor. (*Rel. anc.*).

> Exemplaire contenant les 78 portraits et la vue de Somer-Hill.

251. LA FONTAINE. Contes et nouvelles en vers, par Jean de La Fontaine. *A Paris, de l'Imp. de Didot l'aîné,* 1795, 2 vol. in-18, mar. rouge à longs grains, pet. dent., dos orné, doubl. et gardes de tabis bleu, dent. int., tr. dor. (*Rel. anc.*).

> Exemplaire dans lequel on a inséré la suite du portrait de La Fontaine et des 24 jolies figures de *Desrais,* de l'édition de Cazin 1780.

252. LA FONTAINE. Les Amours de Psyché et de Cupidon, avec le poème d'Adonis, par La Fontaine. Edition ornée de figures déssinées par Moreau le jeune, et gravées sous sa direction. *A*

Paris, de l'Imp. de Didot le jeune, l'an III (1795), in-4, mar. rouge à longs grains, encad. de fil. entrelacés avec trophées, dos orné, doubl. et gardes de tabis bleu, dent. int., tr. dor. (*Bozérian*).

Portrait d'après *Rigault,* gravé par *Audoin,* et 8 figures par *Moreau,* gravées par *Dambrun, Dupréel, de Ghendt, Halbou, Petit,* etc.

253. MONTESQUIEU. Le Temple de Gnide (par Montesquieu). *A Paris, de l'Imp. de Didot jeune,* an III (1795), in-18, mar. vert, comp. de fil. et pet. dent., dos orné, dent, int., tr. dor. (*Rel. anc.*).

Titre avec le portrait de Montesquieu par *Saint-Aubin* et 10 figures par *Regnault,* gravées à l'eau-forte par *Berteaux* et terminées par *Baquoy, de Ghendt, Halbou,* etc.

Cet exemplaire ne contient pas *Arsace et Isménie.*

254. LETTRES D'HÉLOÏSE ET D'ABAILARD (en latin et en français, de la traduction de Gervaise, précédées de la vie d'Abailard par M. de L'Aulnaye). Édition ornée de huit figures gravées par les meilleurs artistes de Paris, d'après les dessins et sous la direction de Moreau le jeune. *A Paris, chez J.-B. Fournier,* an IV (1796), 3 vol. gr. in-4, demi-rel. mar. rouge à longs grains, non rognés.

8 figures par *Moreau,* gravées par *Dambrun, Delvaux, Halbou, Lemire,* etc.

255. GRAFFIGNY (Madame de), Lettres d'une péruvienne, traduites du français en italien (avec le texte en regard) par M. Deodati. *A Paris, de l'Imp. de Migneret,* 1797, gr. in-8, dos et coins mar. rouge, tête dor., non rogné (*R. Petit*).

Portrait de l'auteur d'après *La Tour,* gravé par *Gaucher,* et 6 figures par *Le Barbier,* gravées par *Choffard, Halbou, Patas, Gaucher* et *Lingée.*

256. MOREL DE VINDÉ. Primerose par M... et de V... dé. *A Paris, de l'Imp. de P. Didot l'aîné,* 1797, in-18, mar. orange à longs grains, fil., dent. int., tête dor., non rogné.

Exemplaire imprimé sur PAPIER VÉLIN, contenant le frontispice et les 5 figures de *Lefèvre,* gravées par *Godefroy* en épreuves AVANT la lettre.

257. LOUVET (J.-B.). Les Amours du chevalier de Faublas. Troisième édition revue par l'auteur. *Se vend à Paris, chez l'auteur,* an VI (1798), 4 vol. in-8, cartonn. toile rouge, non rognés.

> 27 figures par *Demarne, Dutertre, Mlle Gérard, Marillier, Monsiau* et *Monnet,* gravées par *Baquoy, Choffard, Courbe, Dambrun, Delvaux,* etc.

258. TIBULLE. Élégies de Tibulle par Mirabeau, avec 14 figures. *A Paris,* an VI-1798, 3 vol. in-8, veau jaspé, pet. dent., dos orné, dent. int., tr. dor. (*Gaudreau*).

> Portraits de Mirabeau et de Sophie par *Borel,* gravés par *Voysard* et *Elluin,* et 12 figures dont 11 par *Borel,* gravées par *Elluin,* et 1 par *Marillier,* gravée par *Dupréel.*
> Gaudreau fut le relieur de Marie-Antoinette.

259. GESSNER. Œuvres de Salomon Gessner. *A Paris, chez Ant.-Aug. Renouard,* an VII-1799, 4 vol. in-8, dos et coins mar. vert, dos orné mosaïqué, tête dor., non rognés (*Capé*).

> Exemplaire imprimé sur PAPIER VÉLIN, contenant les 48 figures de *Moreau* en deux états : AVANT et avec la lettre.
> De la bibliothèque Emmanuel Martin.

260. DE FOË (Daniel). La Vie et les aventures de Robinson Crusoë. Traduction revue et corrigée sur la belle édition donnée par Stockdale en 1790, augmentée de la vie de l'auteur, qui n'avoit pas encore paru... *A Paris, chez H. Verdière,* an VIII (1800), 3 vol. in-8, veau brun, fil. et pet. dent. à froid, dos orné, dent. int., tr. marb. (*Rel. de l'époque*).

> 3 titres gravés avec fleurons, 1 portrait gravé par *Delvaux,* 18 figures par *Delvaux, Delignon* et *Dupréel,* et 1 carte.

261. GESSNER. Œuvres complètes, traduites de l'allemand par M. Huber. Nouvelle édition avec figures. *A Paris, chez Patris et Gilbert,* 1801, 3 vol. in-8, veau marb., pet. dent., dos orné, dent. int., tr. dor. (*Rel. anc.*).

> Portrait et 14 figures par *Binet,* gravées par *Blanchard* ou non signées.
> Exemplaire imprimé sur PAPIER VÉLIN.

262. HURTADO DE MENDOZA. Aventures et espiègleries de La-
zarille de Tormes, écrites par lui-même. Nouvelle édition, ornée
de 40 figures, dessinées et gravées par N. Ransonnette. *A Paris,
de l'Imp. de Didot jeune*, an IX.-1801, 2 vol. in-8, veau racine,
dos orné, tr. jasp. (*Rel. anc.*).

263. APULÉE. La Fable de Psyché (traduit en français par M.
Breugière de Barante avec le texte latin et une dissertation sur
cette fable par M. de L'Aulnaye). Figures de Raphaël. *A Paris,
caractères de Henri Didot*, an XI-1802, in-4, mar. citron à longs
grains, encad. de fil. et dent., grands fleurons aux angles, dos
orné, dent. int., tr. dor. (*Bozérian*).

> 2 portraits en médaillon et 32 planches gravées au trait.
> On a inséré dans cette édition les vers français de Jean Maugin.

264. BERQUIN. OEuvres complettes de Berquin mises en ordre
par J.-J. Regnault-Warin. *A Paris, chez André*, an X (1802),
28 tomes en 15 vol. in-18, veau fauve, fil., dos orné, dent. int.,
tr. dor. (*Meslant*).

> Édition ornée de 110 figures par *Monnet* et *Marillier*, gravées par *Dupréel*,
> *Delignon, Demachy, Armand*, etc.

265. JOURNAL OF A PARTY OF PLEASURE TO PARIS, in
the month of August, 1802 : by wich any person intending to
take such a journey may form an accurate idea of the expence
that would attend it, and the amusement he would probably re-
ceive. Together with 13 views from nature, illustrative of French
scenery, aquatinted by J. Hill, from drawings by the author.
London, 1802, in-8, veau porph., dos orné (*Rel. de l'époque*).

> 13 intéressantes figures gravées à l'aquatinte : vue de Trianon, la Valse,
> le Pont-Neuf, Breteuil, french diligence and cabriolet, aqueduc de
> Marly, etc.

266. **DEMOUSTIER.** OEuvres de C.-A. Demoustier : Lettres à
Émilie sur la mythologie. 6 tomes en 3 vol. — Théâtre. —
Cours de morale. *A Paris, chez Ant.-Aug. Renouard*, 1804-

1809, ens. 5 vol. in-8, dos et coins mar. rouge, non rognés (*Rel. de l'époque*).

> Bel exemplaire de Renouard imprimé sur PAPIER VÉLIN contenant :
> 1° La suite complète du portrait et des 36 figures par *Moreau*, gravées par *Delvaux* en deux états : EAUX-FORTES et AVANT la lettre. — On y a joint 7 de ces eaux-fortes en premier état très peu avancé ;
> 2° 8 figures réduites de *Moreau* pour l'édition de 1804 ;
> 3° La suite complète des 36 figures de *Monnet* en épreuves AVANT la lettre ;
> 4° 28 figures diverses par *Cipriani, Desenne*, etc. ;
> 5° 12 portraits gravés par *Saint-Aubin*.
> Toutes ces figures et portraits se trouvent dans les trois volumes des « *Lettres à Émilie* ».
> On a ajouté dans le « *Cours de morale* » 5 portraits divers gravés par *Saint-Aubin*.

267. SAINTE BIBLE (La), contenant l'ancien et le nouveau Testament, traduite en françois sur la vulgate, par M. Le Maistre de Saci. Nouvelle édition, ornée de 300 figures, gravées d'après les dessins de M. Marillier. *A Paris, chez Defer de Maisonneuve*, 1789-an XII (1804), 12 vol. in-4, mar. rouge à longs grains, fil. et pet. dent., dos orné, dent. int., tr. dor. (*Rel. anc.*).

> 300 figures par *Marillier* et *Monsiau*, gravées par *Dambrun, Delvaux, Delaunay, Dupréel*, etc., et 1 carte.
> Bel exemplaire en GRAND PAPIER.

268. CHATEAUBRIAND. Atala. René. *A Paris, chez Le Normant*, 1805, in-12, veau fauve, fil. et pet. dent., dos orné, dent. int., tr. dor. (*Rosa*).

> Première édition publiée avec l'aveu de Chateaubriand, ornée de 6 figures par *Barth* et *Garnier*, gravées par *Saint-Aubin* et *Choffard*.

269. GÉRARD (abbé). Le Comte de Valmont, ou les égaremens de la raison. Douzième édition revue et corrigée par l'auteur, ornée de gravures. *Paris, chez Bossange*, 1807, 6 vol. in-8, veau brun, comp. de fil. noirs et dent. à froid, milieu à froid, dos orné, tr. dor. (*Vogel*).

> Bel exemplaire imprimé sur papier vélin fin, contenant les 6 figures de *Moreau*, en épreuves AVANT la lettre, avec les légendes tirées à part sur papier de soie.

270. LEGOUVÉ. Le Mérite des femmes, et autres poésies. *A Paris, chez Ant.-Aug. Renouard*, 1809, in-12, papier vélin, mar. vert à longs grains, encad. de fil. et dent., dos orné, dent. int., tr. dor. (*Bozérian*).

3 figures par *Moreau* et *Guérin*, gravées par *Simonnet* et *de Ghendt*.

271. MICROCOSM OF LONDON (The). *London, R. Ackermann, s. d.* (1811), 3 vol. gr. in-4, dos et coins mar. rouge, non rognés (*Simier*).

Bel exemplaire de la duchesse de BERRY, avec son chiffre sur les plats de la reliure et son ex-libris à l'intérieur des volumes.

Ouvrage intéressant pour l'histoire de Londres, les mœurs et les costumes; il est orné de 104 planches gravées en couleurs d'après les dessins de *Rowlandson.*

272. GREEN (J.). Poetical sketches of Scarborough : illustrated by 21 engravings of humorous subjects, coloured from original design, made upon the spot by J. Green, and etched by T. Rowlandson. *London, printed for R. Ackermann*, 1813, in-8, dos et coins mar. brun, plats toile, tr. dor. (*Rel. anglaise de l'époque*).

273. MOREAU le Jeune. Figures de l'histoire de France par M. Moreau le Jeune. *A Paris, chez Ant.-Aug. Renouard, s. d.* (vers 1813), in-4, en feuilles.

Texte gravé et 161 figures à mi-pages (le frontispice manque), 2 cartes et 2 planches de médailles, par *Moreau*, gravées par *Couché, Dambrun, Delignon, Duflos, Texier,* etc.

On y a joint : 1 carte de la France au temps de Clovis par *Tardieu*, une carte de la Gaule divisée en provinces romaines par *Mentelle* et les figures 155 à 164, dans une couverture de livraison.

274. VOLTAIRE. Œuvres complètes. Nouvelle édition. *A Paris, chez Lefèvre et Deterville*, 1818-1820, 42 vol. in-8, demi-rel. mar. rouge à longs grains, non rognés (*Rel. de l'époque*).

Exemplaire dans lequel on a inséré les 113 figures de la seconde suite de Moreau en épreuves AVANT la lettre et environ 50 portraits divers gravés par *Saint-Aubin*.

275. SAUVAN. Picturesque tour of the Seine, from Paris to the sea : with particulars historical and descriptive, by M. Sauvan. Illustrated with 24 highly finished and coloured engravings from drawings by A. Pugin and J. Gendall : and accompanied by a map. *London, published by R. Ackerman,* 1821, in-4, dos et coins chagrin rouge, tr. dor.

Ouvrage recherché, orné de 24 belles planches gravées en taille-douce et coloriées.

276. NARRATIVE (An impartial historical) of those momentous events which have taken place in this country during the period from the year 1816 to 1823. Illustrated with engravings by the first artists. *London, printed by Th. Bensley,* 1823, in-fol. cartonné.

Ouvrage orné de 6 planches gravées sur acier, dont 2 finement coloriées, l'une de ces deux dernières représente le couronnement de Georges IV ; 2 planches d'autographes.

277. SAUVAN. Diorama anglais, ou promenades pittoresques à Londres, renfermant les notes les plus exactes sur les caractères, les mœurs et usages de la nation anglaise, prises dans les différentes classes de la société par M. S... (Sauvan). Ouvrage orné de 24 planches gravées et enluminées, et de plusieurs sujets caractéristiques. *Paris, chez Jules Didot,* 1823, 1 tome en 2 vol. in-8, demi-rel. mar. rouge à longs grains, dos orné (*Rel. de l'époque*).

Figures humoristiques coloriées, d'après *Cruikshank.*
Les planches ont été reliées à part en un volume, avec la couverture du livre.

278. THOMAS. Un An à Rome et dans ses environs. Recueil de dessins lithographiés, représentant les costumes, les usages et les cérémonies civiles et religieuses des états romains, et généralement tout ce qu'on y voit de remarquable pendant le cours d'une année. Dessiné et publié par Thomas. *Paris, de l'Imp. de Firmin-Didot,* 1823, in-fol., cartonn. demi-toile.

72 lithographies coloriées.
Exemplaire NON ROGNÉ.

Ouvrages de Restif de La Bretonne.

279. La Famille vertueuse. Lettres traduites de l'anglais par M. de La Bretone. *A Paris, chez la veuve Duchesne,* 1767, 4 tomes en 2 vol. in-12, dos et coins veau brun, tr. marb.

280. La Confidence nécessaire ou lettres de mylord Austin de Norfolk, à mylord Humfrey de Dorset, par N.-E. Rétif de la Bretone. *Imp. à La Haie,* 1769, 2 parties en 1 vol. in-12, dos et coins veau brun, tr. marb.

281. La Fille naturelle (par Restif de la Bretonne). *Imp. à La Haie, et se trouve à Paris, chez Humblot,* 1770, 2 parties en 1 vol. in-12, dos et coins veau brun, tr. marb.

> Le titre de la première partie est consolidé dans la marge ainsi que le dernier feuillet du tome second.

282. Le marquis de T*** ou l'école de la jeunesse, tirée des mémoires recueillis par N. E. A. Desforest, homme d'affaires de la maison de T*** (par Restif de la Bretonne). *A Londres et à Paris, chez Le Jay,* 1771, 4 parties en 2 vol. in-12, dos et coins veau brun, tr. marb.

283. Adèle de Comm... ou lettres d'une fille à son père (par Restif de la Bretonne). *En France,* 1772, 5 vol. in-12, dos et coins veau brun, tr. marb.

284. La Femme dans les trois états de fille, d'épouse et de mère. Histoire morale, comique et véritable, par N. E. Retif de la Bretone. *Imp. à La Haie,* 1773, 3 parties en 1 vol. in-12, dos et coins veau brun, tr. marb.

285. Le Ménage parisien, ou Deliée et Sotentout (par Restif de la Bretonne). *Imprimé à La Haie,* 1773, 2 parties en 1 vol. in-12, dos et coins veau brun, tr. marb.

> Les dédicaces et les titres des volumes sont imprimés en rouge.

286. Les nouveaux mémoires d'un homme de qualité par M. le M..
d.. Br. (Restif de la Bretonne). *Imp. à La Haye, et se trouve à
Paris, chez la Vve Duchesne, 1774, 2 parties en 1 vol. in-12, dos
et coins veau brun, tr. marb.*

> Le titre du premier volume est doublé.

287. L'École des pères, par N. E. Restif de la Bretone. *En France
et à Paris, chés la veuve Duchesne, 1776, 3 vol. in-8, veau rac.,
dos orné, tr. marb. (Rel. anc.).*

288. Le Paysan perverti, ou les dangers de la ville. Histoire récente
mise au jour d'après les véritables lettres des personnages par
N. E. Rétif de la Bretonne. *Imp. à La Haie et se trouve à Paris,
chés Esprit,* 1776, 8 parties en 4 vol., 7 frontispices (sur 8) et
74 figures (sur 76) par Binet, gravés par Berthet et Le Roy. —
La paysanne pervertie, ou les dangers de la ville ; histoire d'Ur-
sule R***, sœur d'Edmond le paysan, mise au jour d'après les
véritables lettres des personnages, par l'auteur du paysan perverti (Restif de la Bretonne). *Imp. à La Haie et se trouve à Paris,
chés la dame veuve Duchesne,* 1784, 8 parties en 4 vol., 8 frontispices et 30 figures par Binet, gravées par Berthet, Giraud et
Le Roy. Ens. 8 vol. in-12, dos et coins veau brun, tr. marb.

> Les figures de la *Paysanne pervertie* sont reliées à part en 1 vol. in-12,
> même reliure; l'une de ces figures est en double et à toutes marges.
>
> On y joint un second exemplaire des figures du *Paysan* en 1 vol. in-12,
> même reliure, comprenant 8 frontispices et 75 figures (sur 76); cette suite
> complète celle de l'ouvrage.
>
> Les figures de ces 2 vol. sont coupées au cadre et montées sur bristol.

289. Œuvres choisies de Don François de Quevedo. Traduites de
l'espagnol (par Restif de la Bretonne). En trois parties contenant
le Fin-Matois, les lettres du chevalier de l'Epargne, la lettre sur
les qualités d'un mariage. *Imprimé à la Haie, et se trouve à
Paris,* 1776, 3 parties en 1 vol. in-12, dos et coins veau brun,
tr. marb.

290. Le pied de Fanchette, ou le soulier couleur de rose (par Res-

lif de la Bretonne). *Imp. à La Haie*, 1776, 2 parties en 1 vol. — Les Posthumes ; lettres reçues après la mort du mari par la femme qui le croit à Florence, par feu Cazotte (Restif de la Bretonne). *Imp. à la maison ; se vend chez Duchêne*, 1802, 4 vol. — Le Palais-Royal. Les filles de l'allée des soupirs. Les sunamites. Les converseuses (par Restif de la Bretonne). *A Londres*, 1792, 3 parties en 1 vol. — Ens. 6 vol. in-12, dos et coins veau brun, tr. marb.

Exemplaires sans les figures.

291. Le Quadragenaire, ou l'âge de renoncer aux passions. Histoire utile à plus d'un lecteur (par Restif de la Bretonne). *A Genève, et se trouve à Paris chez la Vve Duchesne*, 1777, 2 parties en 1 vol. in-12, dos et coins veau brun, tr. marb.

15 figures par *Bacquoy*, *Dutertre*, et non signées.

292. Le nouvel Abeilard ; ou lettres de deux amans qui ne se sont jamais vus (par Restif de la Bretonne). *A Neuchatel, et se trouve à Paris chez la veuve Duchesne*, 1778, 4 vol. in-12, dos et coins veau brun, tr. marb.

1 frontispice et 9 figures non signés.

293. La Malédiction paternelle : Lettres sincères et véritables de N***, à ses parents, ses amis, et ses maîtresses ; avec les réponses : Recueillies et publiées par Timothée Joly, son exécuteur testamentaire (Restif de la Bretonne). *Imp. à Leipsick par Buschel, et se trouve à Paris*, 1780, 3 vol. in-12, dos et coins veau brun, tr. marb.

3 figures par *Binet*, gravées par *Berthet*.

294. Les Contemporaines, ou avantures des plus jolies femmes de l'âge présent : recueillies par N**** et publiées par Timothée Joly, de Lyon, dépositaire de ses manuscrits (par Restif de la Bretonne). *Imprimé à Leipsick par Buschel et se trouve à Paris chez la dame Vve Duchesne*, 1780-1785, 42 parties en 21 vol. in-12, dos et coins veau brun, tr. marb.

283 figures, la plupart par *Binet*.

295. La dernière avanture d'un homme de quarante-cinq ans ; nouvelle utile à plus d'un lecteur (par Restif de la Bretonne). *A Genève et se trouve à Paris, chés Regnault, 1783, 2 parties en 1 vol. in-12, dos et coins veau brun, tr. marb.*

> 2 frontispices et 2 figures par *Binet*, gravés par *Giraud* et *Pauquet.*

296. La Prévention nationale, action adaptée à la scène ; avec deux variantes, et les faits qui lui servent de base (par Restif de la Bretonne). *A La Haie, et se trouve à Paris, chez Regnault, 1784, 3 parties en 2 vol. in-12, dos et coins veau brun, tr. marb.*

> 10 figures non signées.

297. La Femme infidelle ; par Maribert-Courtenay (Restif de la Bretonne). *A Neufchatel, et se trouve à Paris, chez la veuve Duchêne, 1786, 4 tomes en 2 vol. in-12, demi-rel. veau brun, tr. marb.*

298. Les Françaises, ou XXXIV exemples choisis dans les mœurs actuelles, propres à diriger les filles, les femmes, les épouses et les mères (par Restif de la Bretonne). *A Neuchatel, et se trouve à Paris, chés Guillot, 1786, 4 vol. in-12, dos et coins veau brun, tr. marb.*

> 34 figures par *Binet*, gravées par *Giraud* ou non signées.

299. Les Parisiennes, ou XL caractères généraux pris dans les mœurs actuelles, propres à servir à l'instruction des personnes du sexe, tirés des mémoires du nouveau Lycée des mœurs (par Restif de la Bretonne). *A Neuchatel et se trouve à Paris, ches Guillot, 1787, 4 vol. in-12, dos et coins veau brun, tr. marb.*

> 30 figures attribuées à *Binet.*

300. La Vie de mon père, par l'auteur du paysan perverti (Restif de la Bretonne). Troisième édition. *A Neuchatel et se trouve à Paris, ches la veuve Duchesne, 1788, 2 parties en 1 vol. in-12, dos et coins veau brun, tr. marb.*

> 1 fleuron-portrait sur chaque titre, 1 frontispice et 12 figures non signées.
> Le frontispice du tome II manque.

3o1. Les Nuits de Paris, ou le spectateur nocturne (par Restif de la Bretonne). *A Londres, et se trouve à Paris*, 1788-1794, 16 parties en 8 vol. in-12, dos et coins veau brun, tr. marb.

> Cet exemplaire ne contient que 17 figures (sur 18) par *Binet* ; la 16e partie est beaucoup plus courte.

3o2. Ingénue Saxancour, ou la femme séparée : Histoire propre à démontrer, combien il est dangereux pour les filles, de se marier par entêtement, et avec précipitation, malgré leurs parens, écrite par elle-même (par Restif de la Bretonne). *A Liège et se trouve à Paris, chez Maradan,* 1789, 3 parties en 1 vol. in-12, dos et coins veau brun, tr. marb.

3o3. L'Année des dames nationales : ou histoire, jour par jour, d'une femme de France, par N.-E. Restif de la Bretonne. *A Genève et se trouve à Paris,* 1791-1794, 12 vol. in-12, dos et coins veau brun, tr. marb.

> Cet exemplaire ne contient que 27 figures (sur 36).

3o4. L'Instituteur d'un prince-royal, tiré d'un ouvrage irlandais intitulé O-Ribeau et O-Ribelle ; publié en français sous le titre des Veillées du Marais (par Restif de la Bretonne). *A Paris, chez la dame veuve Duchesne,* 1792. 4 parties en 2 vol. in-12, dos et coins veau brun, tr. jasp.

3o5. Le Drame de la vie ; contenant un homme tout-entier, pièce en 13 actes des Ombres et en 10 pièces régulières (par Restif de la Bretonne). *Imp. à Paris, à la maison, chez la V**e Duchêne et Merigot,* 1793, 5 vol. in-12, dos et coins veau brun, tr. marb.

> Grand portrait de Restif par *Binet*, gravé par *Berthet*.

3o6. Monsieur Nicolas, ou le cœur humain dévoilé, publié par lui-même (par Restif de la Bretonne). *Imprimé à la maison, et se trouve à Paris,* 1794-1797, 16 parties en 8 vol. — Philosophie de Monsieur Nicolas, par l'auteur du cœur humain dévoilé (Restif de la Bretonne). *A Paris, de l'Imp. du Cercle social,* 1796,

3 parties en 1 vol. — Ens. 9 vol. in-12, dos et coins veau brun, tr. marb.

307. Histoire des compagnes de Maria, ou épisodes de la vie d'une jolie femme ; ouvrage posthume de Restif de la Bretonne. *A Paris, chez Guillaume*, 1811. 3 parties en 1 vol. in-12, dos et coins veau brun, tr. marb.

Portrait ajouté. Exemplaire rogné.

308. Restif de la Bretonne. Le Pornographe, ou idées d'un honnête homme sur un projet de réglement pour les prostituées, propres à prévenir les malheurs qu'occasionne le publicisme des femmes : avec des notes historiques et justificatives. *A Londres, chés Jean Nourse*, 1776, 2 parties en 1 vol. — Le Thesmographe, ou idées d'un honnête homme, sur un projet de réglement, proposé à toutes les nations de l'Europe, pour opérer une réforme générale des loix, avec notes historiques, *A La Haie, chés Gosse-Junior et Changuion.* 1789, 2 parties en 1 vol. — La Mimographe, ou idées d'une honnête femme pour la réformation du théâtre national. *A Amsterdam, chez Changuion*, 1770, 1 vol. — Ens. 3 vol. in-8, dos et coins veau fauve, tr. marb.

309. La Découverte australe par un homme-volant, ou le dédale français ; nouvelle très philosophique ; suivie de la lettre d'un singe, etc. (par Restif de la Bretonne). *Imprimé à Leipsick et se trouve à Paris, s. d.,* 4 parties en 2 vol. in-12, dos et coins veau brun, tr. marb.

4 frontispices et 19 figures non signés.

C. — ALMANACHS ILLUSTRÉS DU XVIIIe SIÈCLE

310. ALMANACH DE LA TOILETTE et de la coeffure des dames françoises, suivie d'une dissertation sur celle des dames romaines. *A Paris, chez Desnos, s. d.* (1777), 2 part. en 1 vol. in-24, veau jasp., dos orné, tr. bleues (*Rel. anc.*).

Ce volume contient la première et la troisième parties de la collection qui en comprend quatre.

Première partie : frontispice, texte 20 pp. et 8 figures (sur 12 décrites au sommaire de la première partie).

Troisième partie complète : 1 titre. « *Le Bijou des dames...* » Texte page 5 à 33 et 12 figures.

Chaque figure est précédée d'un feuillet blanc avec encadrement gravé.

311. LE PLUS JOLI CHANSONNIER FRANÇOIS ou Anacréon en belle humeur, élite de chansons, romances, vaudevilles, etc., des auteurs les plus agréables en ce genre. *A Paris, chez le Sr Desnos, s. d.* (1783), in-24, mar. rouge, fil., dos orné, tr. dor., nécessaire à crayon (*Rel. anc.*).

Frontispice et titre gravés, 12 jolies figures ; carnet de gains et pertes et calendrier pour 1783.

312. ANACRÉON EN BELLE HUMEUR, ou les espiègleries de l'amour, quatrième partie du plus joli chansonnier français..... *A Paris, chez Desnos, s. d.* (1783), in-24, mar. rouge, fil., dos orné, tr. dor., nécessaire à crayon (*Rel. anc.*).

12 jolies figures non signées, épreuves AVANT la lettre. Carnet de pertes et gains, calendrier pour 1783.

313. ALMANACH DU BON FRANÇOIS, ou bons mots et anecdotes de la vie d'Henri IV, dit le grand, suivi des principales scènes de la Partie de chasse d'Henri IV. *A Paris, chez Desnos, s. d.* (1784), in-24, mar. rouge, fil., dos orné, tr. dor., nécessaire à crayon (*Rel. anc.*).

Portrait de Henri IV, 80 pp. de texte « *Bons mots d'Henri IV* ». Titre gravé et 12 figures avant la lettre et texte gravé. Carnet de pertes et gains et calendrier pour 1784.

Exemplaire fatigué.

314. LE PETIT BOCCAGE ; recueil des plus jolis contes en vers et des meilleures épigrammes ; agréable passe-tems de l'un et de l'autre sexe... *A Paris, chez le Sr Desnos, s. d.* (1786), in-24, mar. rouge, fil., dos orné, tr. dor., nécessaire à crayon (*Rel. anc.*).

Titre gravé, frontispice et 8 jolies figures. Carnet de pertes et gains et calendrier pour 1786.

315. **L'AMOUR A L'OLYMPE** ou le triomphe de Cupidon sur les dieux et les déesses. Almanach érotique. *A Paris, chez Jubert,* s. d. (1787), in-24, mar. rouge, fil., dos orné, tr. dor., nécessaire à crayon (*Rel. anc.*).

> Texte et musique gravés et 12 figures. Carnet de pertes et gains et calendrier pour 1787.
> Exemplaire fatigué.

316. **APOLOGIE DES DAMES**, les jolies françaises, leurs coeffures et habillemens. Étrennes à la beauté avec des couplets galans. *A Paris, chez Desnos,* s. d. (1787), in-24, mar. rouge, fil., dos orné, dent. int., tr. dor., nécessaire à crayon (*Rel. anc.*).

> Titre gravé et 12 figures de coiffures gravés et coloriées ; 12 feuillets de texte gravés dans un encadrement colorié. Carnet de gains et pertes et calendrier pour 1787.

317. **ALMANACH ANACRÉONTIQUE** ou les ruses de l'amour. *A Paris, chez Boulanger,* s. d. (1787), in-32, mar. blanc, fil. et dent., médaillon de mar. rouge au milieu, renfermant sur le premier plat un cœur percé d'une flèche et un carquois, et sur le second, cette devise « *C'est pour toujours* », tr. dor. (*Rel. anc.*).

> Texte gravé et 12 figures. Carnet de gains et pertes et calendrier pour 1787.
> Les derniers feuillets sont brûlés dans le bas.

318. **COLLECTION COMPLÈTE DES ROMANCES D'ES-TELLE**, par M. de Florian, mises en musique par les plus célèbres compositeurs..... *A Paris, chez Desnos,* s. d. (1789), in-24, mar. rouge, fil., dos orné, tr. dor., nécessaire à crayon (*Rel. anc.*).

> Texte et musique gravés. Frontispice et 12 figures. Texte imprimé de vaudevilles et carnet de pertes & gains.
> Exemplaire fatigué et taché.

319. **LE MICROSCOPE DES VISIONNAIRES** ou le hochet des incrédules. *A Paris, chez Jubert,* s. d. (1789), in-24, mar.

rouge, pet. dent., milieu orné de trophées champêtres, tr. dor. (*Rel. anc.*).

Texte entièrement gravé et 12 jolies figures non signées. Carnet de pertes et gains et calendrier pour 1789.

320. ALMANACH DE LA FÉDÉRATION de la France, dédié à la Nation. *A Paris, chez Blanmayeur. s. d.* (1791), in-24, mar. rouge, fil., dos orné, tr. dor., nécessaire à crayon (*Rel. anc.*).

Texte gravé et 12 jolies figures intéressantes : Le Maire citoyen. — Les Travaux du Champ de Mars. — La Fête des Champs-Élysées. — Les jeunes soldats parisiens. — Le Pacte fédératif. — Ici l'on danse, etc.
Carnet de pertes et gains et calendrier pour l'an II.
Exemplaire décrit par M. Grand-Carteret « Les *Almanachs français* », page 260.

321. ALMANACH HISTORIQUE de la Révolution françoise pour l'année 1792, rédigé par M. J.-P. Rabaut. Ouvrage orné de gravures d'après les dessins de Moreau. *A Paris, chez Onfroy et à Strasbourg, chez Treuttel,* 1792. in-18, veau marb., fil., dos orné, tr. dor. (*Rel. anc.*).

Exemplaire imprimé sur papier vélin contenant les 6 figures de *Moreau*, en épreuves avant la lettre.

322. LE PETIT GESNER, ou le chantre des pasteurs et des campagnes. Étrennes aux âmes sensibles et honnêtes. *A Paris, chez Janet, s. d.* (1801), in-24, mar. rouge, fil., dos orné., tr. dor., nécessaire à crayon (*Rel. de l'époque*).

Texte gravé, 12 figures, cahier imprimé d'ariettes nouvelles ; carnet de gains et pertes et calendriers pour l'an XI et pour 1803.

323. LES SECRETS DE L'AMOUR DÉVOILÉS. Étrennes nouvelles et chantantes. *A Paris, chez Marcilly, s. d.* (an XII-1804), in-32, mar. vert, pet. dent., médaillon au milieu des plats, dos orné, tr. dor. (*Rel. anc.*).

Texte gravé et 12 figures, cahier imprimé de rondeaux et chansonnettes ; carnet de gains et pertes et calendrier pour l'an XII.

324. LA FLEUR DES PLAISIRS, suivie du petit chansonnier

françois. *A Paris, chez Desnos, s. d.* (an XIII-1805), in-24, mar.
rouge, fil., dos orné, tr. dor., nécessaire à crayon (*Rel. anc.*).

Frontispice gravé à la manière noire et colorié et 11 figures, accompagnées d'un texte gravé ; 4 ff. de musique gravée. Carnet de pertes et gains
et calendrier pour l'an XIII.

325. **LA CLEF DES COEURS** ou amour et folie. Almanach précieux. *A Paris, chez Janet, s. d.* (1807), in-32, mar. rouge à
longs grains, pet. dent., dos orné, tr. dor., nécessaire à crayon
(*Rel. anc.*).

Texte gravé et 12 figures. Cahier imprimé d'ariettes nouvelles, carnet de
gains et pertes et calendrier pour 1807.

326. **LES PETITS RIENS.** *A Paris, chez Janet, s. d.* (1812),
in-32, mar. rouge à longs grains, pet. dent., dos orné, tr. dor.
(*Rel. de l'époque*).

Texte gravé et 8 figures. Cahier imprimé d'ariettes nouvelles et calendrier pour 1812.

327. **LES FOLIES PARISIENNES.** Nouvel almanach des modes,
rédigé par le Caprice, membre honoraire de toutes les sociétés,
bals, thés, cercles, réunions de France. *A Paris, chez Louis Janet, s. d.* (1825), in-18, tabis rouge, pet. dent., dos orné, tr.
dor., étui de tabis rouge.

Titre gravé avec petit sujet colorié et 6 figures de modes gravées et coloriées.
Calendrier pour 1825.

328. **LE RETOUR DE ZEPHIRE.** *A Paris, chez Janet, s. d.*,
in-18, mar. rouge à longs grains, pet. dent., dos orné, doublé
de tabis bleu, tr. dor. (*Rel. de l'époque*).

Titre gravé, 6 figures par *Le Roy*, gravées par *Massol*, et feuilles de sou-
venirs gravées.

D. — RECUEILS DE FIGURES SUR LES MODES.

329. **ALBUM AMICORUM,** pet. in-8, de 29 ff., ornés d'armoiries qui sont accompagnées de légendes et de figures de costu-

mes, peintes à l'aquarelle, mar. olive, pet. dent. sur les plats qui
sont entièrement ornés de fleurs de lis alternant avec le chiffre II,
chiffres et fleur de lis sur le dos, dent. int., tr. dor. (*Capé*).

Très curieux album renfermant les dédicaces de 17 personnages allemands, datées toutes de Paris dans les années 1583 à 1590. Quinze des
dédicaces sont accompagnées des armoiries des auteurs de ces dédicaces,
très soigneusement peintes en or et couleurs.

En haut des pages se trouvent la date et la devise.

De plus le volume renferme 16 belles et très curieuses figures de costumes contemporains, parmi lesquelles celles de la Reine mère, Catherine de
Médicis ; du roi Henri III et de sa femme, et des personnages de la cour,
les autres figures représentent les costumes des différents ordres créés
par Henri III.

Toutes ses figures sont peintes en or et en couleurs avec beaucoup de
soin, et reproduisent très minutieusement tous les détails des vêtements.

L'album a appartenu à un Johann Leschicau (?), comme le prouve une
des dédicaces.

Voici les noms de quelques-unes des personnes qui se sont inscrites sur
l'album :

Michael de Gottessheim ; Philippe Groc de Würzburg ; Emmich von
Dhun, comte de Falckenstein ; Lienhard Memminger ; Georg David, (comte
de) Lerchenfeld Prenberg ; Wolfgang Sigismund de Haunsperg ; Georg
Friedrich, comte de Hohenlohe Langenberg et autres.

330. **CABINET DES MODES**, ou les modes nouvelles, décrites
d'une manière claire et précise, et représentées par des planches
en taille-douce, enluminées. *A Paris, chez Buisson*, 1785-1786,
2 vol. in-8, demi-rel. veau brun, tr. jaunes (*Rel. anc.*).

Première et deuxième années, contenant 171 planches gravées et coloriées de modes, coiffures, voitures, meubles, etc., par *Desrais, Charpentier,
Pugin*, etc.

La première année est bien complète des 24 cahiers et des 72 planches ;
la seconde ne possède que 99 planches au lieu de 103 ; il manque la planche 3 du 14e cahier, la planche 3 du 19e, la planche 2 du 23e, et la planche 2 du 36e. Les 36 cahiers de texte s'y trouvent, mais les pp. 65-66 du
9e cahier manquent.

331. **COSTUME CARACTÉRISTIQUE DE FRANCE** ; d'après
des desseins faits par un artiste dernièrement revenu du conti-
nent ; avec des descriptions appropriées. *Londres, chez William*

Fearman, 1819, in-4, dos et coins mar. grenat à longs grains, tr. marb. (*Rel. anglaise*).

Texte anglais et français, et 18 curieuses planches gravées par *R. B. Peake* et coloriées.

332. COSTUMES CHINOIS. Recueil de 11 aquarelles originales sur papier de riz, en 1 vol. in-4, cartonn. d'étoffe rouge brochée.

Ces aquarelles, d'une grande richesse de coloris et rehaussées d'or et d'argent, ont été exécutées vers la fin du xviiie siècle et représentent les portraits de la famille impériale de Chine.

333. COSTUMES et usages des Indiens de la côte de Coromandel. Pet. in-fol., veau jasp., fil., dos orné (*Rel. anc.*).

Recueil de 60 vues, scènes de mœurs et costumes dessinés à l'aquarelle, exécutés au commencement du xixe siècle.

334. **COSTUMES DE BALLET.** Costumes des acteurs d'un ballet dansé à Aix, pour l'entrée de Louis XIV, le 17 janvier 1660. In-fol., veau marb., dos orné, tr. marb. (*Rel. anc.*).

Recueil de 18 beaux dessins du xviie siècle (dont un titre) à la plume relevés d'encre de Chine et de couleurs.

335. DANDRÉ BARDON. Costume des anciens peuples par M. Dandré Bardon. *A Paris, chez Ch.-Ant. Jombert*, 1772. 2 vol. in-4, mar. rouge, fil., dos orné, dent. int., tr. dor. (*Rel. anc.*).

Frontispice, portrait et 362 planches.
Bel exemplaire dans une reliure très fraîche.

336. **GALERIE DES MODES.** Recueil de 99 planches coloriées de modes du xviiie siècle, en 1 vol. pet. in-fol., demi-rel. veau fauve (*Rel. anc.*).

Très important recueil de planches en ancien coloris ; elles sont de marges inégales. En voici le détail :
65 planches de la « *Galerie des modes et costumes français, ouvrage com-*

mencé en l'année 1778, dessiné d'après nature par Le Clerc, Desrais, Watteau fils, Martin, et de Saint-Aubin », dont : 28 d'après *Le Clerc*, 16 d'après *Desrais*, 1 d'après *St. Aubin* et 20 d'après *Watteau*.

2° 27 planches diverses : *Dame en robe de cérémonie le jour de son mariage*, — *Mère de famille avec ses enfants en robe angloise, coeffure à la draperie*, — *Polonnoise garnie de gaze d'Italie et coeffure à la Vénitienne*, — *Dame en caraco galant à l'angloise garnie de gaze, coeffure au fichu pouffé*, — *Toilette florentine avec l'élégant chapeau des Champs Elysées*, — *Madame la Ressource, rue St. Honoré*, — *Nouvelle manière de lasser à l'angloise pour les fines tailles, par Milord Bricktinghton*, — *Mlle Folichon jouant de la prunelle...*, — *La marchande de modes en robe à la polonnoise avec la coeffure au berceau Dauphin*, — *Collection de la parure des dames, 9 planches de coiffures diverses*, — *Chapeau à la Figaro*, — *Coiffures diverses, 6 pièces en médaillons sur une feuille*, — *Coiffure à la françoise*, — *La nouvelle angloise*, — *Coeffure à la Félicité*, — *Bonnet à la pierrot*, — *Toque à l'italienne*, — *Coeffure à l'indépendance ou le triomphe de la Liberté*, — *Coeffure nouvelle dite le Caprice des jolies femmes.*

3° 7 feuilles renfermant 64 sortes de coiffures, la plupart publiées par Esnault et Rapilly.

337. GALLERY OF FASHION. *London*, avril 1795-mars 1799, 4 vol. in-4. demi-rel. veau fauve.

Volumes II à V, contenant 4 titres gravés et les figures numérotées de 47 à 313.

Une des plus belles publications sur les modes parues en Angleterre.

338. JOLY. Arts, métiers et cris de Paris, dessinés par Joly d'après nature. *A Paris, chez L. M. Le Petit et chez Martinet*, s. d. (vers 1815), 61 planches in-8, coloriées.

Suite complète très rare.

On rencontre difficilement la planche 61 qui a pour titre : « *Oies, oies, mon bel oie.* » Le titre du recueil se trouve sur la planche 57.

Chaque planche est montée sur bristol blanc.

339. JOURNAL DE LA MODE ET DU GOÛT, par Lebrun, 1790-1793, in-4, demi-rel. veau fauve, tr. marb. (*Rel. anc.*).

Collection de 97 planches (tirées à 2 sur la même feuille), gravées et coloriées, de ce très rare recueil de modes faisant suite au *Cabinet des Modes* de Duhamel.

L'année 1790, qui a été placée après 1791, se compose de 31 planches, l'année 1791 de 21, l'année 1792 de 36 et l'année 1793 de 9.

340. JOURNAL DES DAMES ET DES MODES, du début : 1er juillet 1798 au 31 décembre 1843. *Francfort sur le Mein.* 1798-1843, 106 vol. in-8, demi-rel. veau fauve, tr. jasp. et rouges (*Rel. de l'époque*).

> Cette collection renferme 2321 planches coloriées de modes.
>
> Il manque : à 1808, juillet à décembre ; — les années 1809 et 1810. — L'année 1815 n'a que 40 planches (sur 52) et le texte des n°ˢ 19, 40, 45 et 46 manque ; — l'année 1816 n'a que 50 planches (sur 52) ; le texte des n°ˢ 37 et 46 manque ; — l'année 1818 n'a que 51 planches (sur 52) et le texte du n° 11 manque ; — la planche 21 manque à l'année 1832.
>
> L'année 1831 est cartonnée, non rognée.

341. LADY'S MONTHLY MUSEUM (The), or polite repository of amusement and instruction : being an assemblage of whatever can tend to please the fancy, interest the mind, or exalt the character of the British fair ; by a society of ladies. *London, published by Vernor and Hood,* 1798-1805, 13 vol. in-12, dos et coins mar. vert (*Rel. mod.*).

> Ce recueil est orné de 73 portraits ou vues et de 144 planches de modes coloriées.

342. LEGROS. L'Art de la coëffure des dames françoises, avec des estampes, où sont représentées les têtes coeffées, gravées sur les dessins originaux de mes accomodages, avec le traité en abrégé d'entretenir et conserver les cheveux naturels, par le sieur Legros, coeffeur de dames. *A Paris, chez Antoine Boudet,* 1768, in-4, veau écaille, fil., dos orné, tr. rouges (*Rel. anc.*).

> Ouvrage rare et très curieux ; il contient 8 planches représentant les positions des cheveux pour coiffer les dames et 38 planches de modèles de coiffures, gravées et coloriées.
>
> Sur le premier plat de la reliure, se trouve l'inscription suivante en lettres dorées : « *Livre parfait en 1768.* »

343. POISSON. Cris de Paris, dessinés d'après nature, par M. Poisson. *A Paris, chez l'auteur, s. d.,* in-8, cartonné.

> Exemplaire bien complet du titre gravé et des 72 figures de *Poisson,* gravées par *Godin.*
>
> Recueil complet, rare.

344. TABLEAUX DE LA BONNE COMPAGNIE ou traits caractéristiques, anecdotes secrètes, politiques, morales et littéraires, recueillies dans les sociétés du bon ton pendant les années 1786 et 1787 (par Restif de la Bretonne), accompagnés de planches en taille-douce, dessinées et gravées par Moreau le jeune et d'autres célèbres artistes. *Paris*, 1787, 2 vol. in-18, brochés.

> Exemplaire NON ROGNÉ.
> Édition la plus recherchée, ornée de 16 figures, réduction des estampes de *Moreau* et *Frendeberg*, gravées par *Cameligue*, ou non signées.

345. TABLEAUX de l'habillement, des mœurs et des coutumes dans la République batave, au commencement du XIXᵉ siècle. *A Amsterdam, chez E. Maaskampf*, 1803, in-4, demi-rel. veau (*Rel. anc.*).

> Texte français et hollandais et 16 planches de costumes, gravées et coloriées avec grand soin.

346. WATTEAU. Cris et costumes de Paris, dessiné par Watteau, gravé en couleur par Guyot. *A Paris, chez les Lecampion*, 1786, in-8, dos et coins mar. brun, dos orné, tête dor., non rogné (*Canape-Belz*).

> Recueil précieux et rarissime, contenant 6 planches : *Le marchand d'orvietan — La marchande d'oranges — Marchande de mode — Jeune élégant se promenant au Palais-Royal — La marchande d'huîtres — La marchande de bouquets.*
> Exemplaire très frais de coloris relié avec la couverture d'une livraison.

E. — OUVRAGES RELATIFS AUX SACRES, ENTRÉES, CÉRÉMONIES, ETC.

a. — France.

347. ENTRÉE DE CHARLES IX A PARIS. Brief et sommaire recueil de ce qui a esté faict, et de l'ordre tenüe à la joyeuse et triumphante entrée de très-puissant, très-magnanime et très-chrestien prince Charles IX, de ce nom roy de France, en sa bonne ville et cité de Paris, capitale de son royaume, le mardy sixième jour de mars, avec le couronnement de très-haute, très-illustre et très-excellente princesse madame Elizabet d'Austriche son espouse, le dimanche vingtcinquiesme, et entrée de ladicte dame en icelle ville, le jeudi XXIX dudict mois de mars M.D.LXXI. *A Paris, de l'Imp. de Denis du Pré, pour Olivier Co-doré*, 1572, 2 parties en 1 vol. pet. in-4, vélin blanc, tr. rouges (*Rel. anc.*).

> Volume rare, orné de 16 planches gravées sur bois, dont 10 pour l'Entrée du roi et 6 pour le Sacre de la Reine.
>
> On y remarque des sonnets de E. Pasquier, Ronsard, Baïf, etc., des pièces de vers en grec et en latin.
>
> L'exemplaire contient à la fin : *Congratulation de la paix faite par S. M. entre ses sujets le 11 aout 1570*, pièce de vers de 18 pp. par E. Pasquier.
>
> Le volume n'étant pas grand de marges, quelques figures ont été un peu rognées.

348. **LABYRINTHE ROYAL** de l'Hercule gaulois triomphant sur le sujet des fortunes, batailles, victoires, trophées, triomphes, mariage et autres faicts héroïques et mémorables de très auguste et très chrestien prince Henry IIII, roy de France et de Navarre. représenté à l'entrée triomphante de la royne en la cité d'Avignon, le 19 novembre l'an 1600, où sont contenues les magnificences et triomphes dressez à cet effect par la dicte ville (rédigé par André Valladier, abbé de St. Arnoul de Metz). *A Avignon, chez Jacques Bramereau, s. d.*, in-fol., mar. bleu, comp de fil. droits et courbes, H couronnés aux angles, armoiries de Henri IV sur les plats, dos orné, dent. int., tr. dor. ciselées, étui (*Lortic*).

> Titre gravé, portraits de Henri IV et de Marie de Médicis et 12 planches gravées en taille-douce par *Greuter*.

349. **ENTRÉE TRIOMPHANTE** (L') de leurs Majestez Louis XIV, roy de France et de Navarre et Marie-Thérèse d'Austriche, son espouse, dans la ville de Paris, capitale de leur royaume, au retour de la signature de la paix générale et de leur heureux mariage. Enrichie d'un grand nombre de figures, d'harangues et autres pièces considérables pour l'Histoire. Le tout exactement

recueilly par l'ordre de Messieurs de ville. *A Paris, chez P. Le Petit, Th. Joly, L. Bilaine, s. d. (1662)*, in-fol., demi-rel. veau fauve (*Rel. mod.*).

Frontispice par *Chauveau*, portrait de Louis XIV, 21 planches (simples et doubles), par *C. Le Brun, Jean Marot, Flaman, Le Paultre* et 1 plan.

350. PLAISIRS DE L'ISLE ENCHANTÉE (Les). Course de bague, collation ornée de machines, comédie meslée de danse et de musique, ballet du palais d'Alcine, feu d'artifice et autres fêtes galantes et magnifiques faites par le roy à Versailles le 7 mai 1664 et continuées plusieurs autres jours. — Les divertissemens de Versailles donnez par le roy à toute sa cour au retour de la conqueste de la Franche-Comté en l'année 1674 (par Félibien). — Relation de la feste de Versailles le 18 juillet 1668 (par Félibien). *A Paris, de l'Imp. royale, 1673-1679* ; ens. 3 parties en 1 vol. in-fol., veau brun, tr. marb (*Rel. anc.*).

Ces ouvrages sont ornés de 20 planches par *Is. Silvestre, Chauveau* et *Le Paultre.*

351. COURSES DE TESTES ET DE BAGUE faittes par le roy, et par les princes et seigneurs de sa cour en l'année 1662 (rédigé par Ch. Perrault, avec une relation en vers latins par Fléchier). *A Paris, de l'Imprimerie royale, 1670*, in-fol., mar. rouge, fil., fleurs de lis aux angles, dos fleurdelisé, doubl. de satin bleu ciel, tr. dor. (*Rel. anc.*).

Aux armes de Louis XIV.
Volume orné de 96 planches par *Israel Silvestre* et *Chauveau*, représentant l'itinéraire du cortège, les figurants des différents quadrilles et le carousel.
Les plats de la reliure portent l'inscription suivante en lettres dorées : *Courses de testes et de bague. Tome huitième.*
On y a ajouté une table manuscrite d'une belle écriture de l'époque.
L'exemplaire est très court de marges.

352. PERRAULT (C.). Festiva ad capita annulumque decursio, a rege Ludovico XIV principibus, Summisque Aulæ proceribus edita anno 1662 : scripsit gallicè Carolus Perrault : latine red-

didit, et versibus heroïcis expressit Spiritus Fléchier. *Parisiis, e typographia regia,* 1670, gr. in-fol., demi-rel. bas. marb., dos orné (*Rel. mod.*).

Frontispice avec le buste de Louis XIV, gravé par *Rousselet,* et 96 planches par *Chauveau.*

353. BONTOUS (le P. J.-J.). L'Auguste piété de la royale maison de Bourbon sujet de l'appareil fait à Avignon pour la réception de Mgr. le duc de Bourgogne et de Mgr. le duc de Berry, durant le consulat de M. le marquis de Sade, de M. J.-B. Barbier, de M. P. Giollier et de M. C. Bayol, assesseur. *A Avignon, chez F.-S. Offray,* 1701. pet. in-fol, veau jasp., dos orné, tr. jasp. (*Rel. anc.*).

Frontispice, portrait de Clément XI, 7 vignettes par *Perru,* gravées par *David,* et 6 planches par *Cotel, Perru* et *Daugard,* gravées par *David,* représentant les arcs de triomphe élevés par la ville d'Avignon.

354. SACRE DE LOUIS XV (Le), roy de France et de Navarre, dans l'Église de Reims, le dimanche 25 octobre 1722 (*Paris,* 1723), gr. in-fol, veau marb., dent. fleurdelisée et fleurs de lis aux angles, dos aux armes et au chiffre de Louis XV, dent. int., tr. dor.

Aux armes de Louis XV.

Texte entièrement gravé, entouré d'un bel encadrement, grandes vignettes, 9 grandes planches doubles et 30 planches de costumes par *Andran, Beauvais, Cochin père,* etc.

L'exemplaire a été relié à nouveau, les plats seuls proviennent de l'ancienne reliure. On a collé sur la garde la jolie étiquette gravée du relieur Vente.

355. DESCRIPTION DES FESTES données par la ville de Paris, à l'occasion du mariage de Madame Louise-Élisabeth de France, et de Dom Philippe, infant et grand amiral d'Espagne les 29 et 30 aoust 1739. *A Paris, de l'Imp. de Le Mercier,* 1740, in-fol., mar. rouge, pet. dent., fleurs de lis aux angles, dos fleurdelisé, tr. dor. (*Rel. anc.*).

Aux armes de la ville de Paris.

Fleuron sur le titre par *Bouchardon,* gravé par *Soubeyran,* 13 planches ou plans, dont 8 doubles, dessinés par *Blondel, Gabriel, Salley* et *Servandoni* et gravés par *Blondel*, et 22 pages de texte avec une grande vignette (*La joute sur la Seine*) dessinée et gravée par *Rigaud*.

356. REPRÉSENTATION DES FÊTES DONNÉES PAR LA VILLE DE STRASBOURG pour la convalescence du roi ; à l'arrivée et pendant le séjour de Sa Majesté en cette ville. Inventé et dirigé par J.-M. Weiss, graveur de la ville de Strasbourg. *A Paris, imprimé par Laurent, s. d.* (1745), gr. in-fol., demi-rel. veau fauve.

Titre gravé par *Marvye*, beau portrait équestre de Louis XV, gravé par *Will*, 10 grandes planches doubles (la pl. 4 manque) dessinées par *Weiss*, gravées par *Le Bas*, 2 vignettes par *Weiss*, et 20 pages de texte gravé avec encadrements et fleurons variés.

357. RELATION DE L'ARRIVÉE DU ROI AU HAVRE-DE-GRACE, le 19 septembre 1749, et des fêtes qui se sont données à cette occasion. *A Paris, de l'Imp. de H.-L. Guérin et de L.-F. Delatour,* 1753, gr. in-fol., mar. rouge, dent., fleurs de lis aux angles, dos fleurdelisé, dent. int., tr. dor. (*Rel. anc.*).

Aux armes ROYALES. C'est un des livres les plus rares de la série des grands livres de fêtes publiés au xviiie siècle.

Fleuron sur le titre, 2 vignettes et 1 cul-de-lampe par *Stoltz*, gravés par *Le Bas*, 16 pages de texte et 6 planches doubles dessinées par *Descamps*, gravées par *Le Bas*. Reliure restaurée.

358. MARIAGE DE MARIE-ANTOINETTE. Description et relation de tout ce qui a été fait et de ce qui s'est passé à l'occasion du mariage de Louis-Auguste, dauphin de France, avec Marie-Antoinette-Josèphe-Jeanne, archiduchesse d'Autriche, par M. de La Ferté, intendant des menus. In-4, mar. rouge, fil. fleurs de lis aux angles, dos fleurdelisé, dent. int., tr. dor. (*Rel. anc.*).

Aux armes de Louis XV.

Important manuscrit du xviiie siècle écrit avec soin, comprenant 570 pages et 7 feuillets de table ; chaque page est encadrée d'un double filet noir.

État des personnes qui ont été à Strasbourg recevoir Madame la Dauphine. — État des meubles qui ont été envoyés à Strasbourg. — Détail de ce qui s'est passé à l'arrivée de Madame la Dauphine au fort de Kel à Strasbourg. — Liste des dames invitées à souper à La Muette le jour de l'arrivée de la Dauphine, et copie de la lettre d'invitation. — État des musiciens des gardes françoises et gardes suisses. — État de distribution des présents de la corbeille de Madame la Dauphine. — Relation de ce qui s'est passé à Vienne, à Strasbourg, à Saverne, à Nancy. — Arrivée de la Dauphine à Versailles, cérémonie du mariage, festin royal, bal paré. — Principales personnes qui ont été employées à la conduite de ces fêtes. — État du paiement des sujets employés aux spectacles du mariage, musiciens, danseurs, etc., etc.

Le B⁰ⁿ J. Pichon a publié, dans le volume de 1877 des *Mélanges* de la Société des bibliophiles françois, l'*État des présens de la corbeille de Madame la Dauphine.*

359. MARIAGE DU COMTE DE PROVENCE. Description et relation de tout ce qui a été fait, et de ce qui s'est passé à l'occasion du Mariage de Louis-Stanislas-Xavier de France, comte de Provence, avec Marie-Joséphine-Louise, princesse de Savoie, par M. de La Ferté, intendant des menus. 1771, in-4, mar. rouge, fil., fleurs de lis aux angles, dos fleurdelisé, dent. int., tr. dor. (*Rel. anc.*).

Aux armes de Louis XV.

Important manuscrit du xviiie siècle, écrit avec soin, comprenant 231 pages et 6 ff. de table. État des personnes qui ont été à Lyon, et au pont de Beauvoisin pour recevoir Mᵐᵉ la comtesse de Provence. — État des voitures et des meubles pour le service de Mᵐᵉ la comtesse de Provence. — État des dames invitées à souper à Choisy le jour de l'arrivée de la comtesse de Provence. — Bal paré, feu d'artifices, illuminations, habits de théâtre. — Fêtes à Turin avant la célébration du mariage. — Arrivée de Mᵐᵉ la comtesse de Provence à Lyon, à Roanne, à Nevers, à Briare, à Fontainebleau, à Versailles. — Cérémonie du mariage. — Festin royal. — Bénédiction du lit. — Bal paré. — Première représentation des *Projets de l'amour*, etc., etc.

360. MARIAGE DU COMTE D'ARTOIS. Description et relation de tout ce qui a été fait et de ce qui s'est passé à l'occasion du mariage de Charles-Philippe de France, comte d'Artois, avec Marie-Thérèse de Savoie (par M. de La Ferté), 1773, in-4, mar. rouge, fil., fleurs de lis aux angles, dos fleurdelisé, dent. int., tr. dor. (*Rel. anc.*).

Important manuscrit du xviiie siècle, écrit avec soin, comprenant 289 pages et 7 ff. de table. Il est relié aux armes de Louis XV.

7

État des personnes qui ont été à Lyon et au pont de Beauvoisin pour recevoir Mme la comtesse d'Artois. État des voitures et des meubles envoyés à Lyon pour le service de la comtesse d'Artois. — Liste des dames invitées à souper à Choisy le jour de l'arrivée de la comtesse d'Artois. — Ordre observé au festin dans l'enceinte du roi. — Bal paré donné à Versailles et copie de la lettre d'invitation pour le bal. — État des sommes payées pour les souliers, corps, rouge et petite oye des demoiselles de la musique du roi. — Célébration du mariage, festin royal, bénédiction du lit, illuminations, opéra, feu d'artifice, etc., etc.

Ce manuscrit a appartenu à M. de La Ferté, intendant des Menus Plaisirs du Roi.

361. **MORT DE LOUIS XV.** Description de ce qui a été fait à l'occasion de la mort de Louis XV, roi de France et de Navarre, décédé à Versailles le 10 mai 1774, et l'état de la dépense générale faite par les Menus Plaisirs et affaires de la Chambre de Sa Majesté à ce sujet. 1774, in-4, mar. rouge, fil., fleurs de lis aux angles, dos fleurdelisé, dent. int., tr. dor. (*Rel. anc.*).

Aux armes royales, portant l'inscription « Menus plaisirs du roi ».

Manuscrit du xviiie siècle, écrit avec soin, comprenant 247 pages et 2 ff. de table. Il renferme l'état des fournitures à faire pour les obsèques du Roi, pour le grand service à Saint-Denis, à Notre-Dame de Paris. — Viatique au roi. — Dépôt à Versailles, obsèques, transport et réception du corps du roi à l'abbaye de Saint-Denis. — Grand deuil du roi. — État du dais à colonnes, des étoffes pour le garnir et du poêle faits et fournis par les Menus à l'abbaye de Saint-Denis, le 21 juin 1777, pour les services anniversaires du roi Louis XIV et de la reine décédée le 24 juin 1768, etc.

362. **MARIAGE DE MADAME CLOTILDE, SOEUR DE LOUIS XVI.** Description et relation de tout ce qui a été fait et de ce qui s'est passé à l'occasion du mariage de Marie-Adélaïde-Clotilde-Xavière de France, avec Charles-Emmanuel-Ferdinand-Marie de Piémont. 1775, in-4, mar. rouge, fil., fleurs de lis aux angles, dos fleurdelisé, dent. int., tr. dor. (*Rel. anc.*).

Ce manuscrit, écrit avec soin, comprend 145 pages et 3 feuillets de table. Il renferme l'état des noms et qualités des officiers de la chambre du roi, employés lors du mariage. — Établissement des entrées pour le jour du mariage. — Note sur la démolition de la salle du festin et construction de celle du bal paré, où l'on voit l'heure de l'ouverture du bal, et qui a nommé les danseurs et danseuses à choisir par le roi. — Signature du contrat de mariage et fiançailles. — Présent fait à Mme Clotilde d'une parure de diamants. — Célébration du mariage à Versailles. — Banquet royal, bal paré. — Entrée de la famille royale, du prince et de la princesse de Piémont à Turin. — Feu d'artifice, bal paré, concert, etc., donnés à Turin — etc.

Aux armes de Louis XVI portant l'inscription « Menus plaisirs du Roi. »

363. RELATION DES FÊTES DONNÉES PAR LA VILLE DE STRASBOURG à leurs Majestés impériales et royales les 22 et 23 janvier 1806, à leur retour d'Allemagne. Rédigée et imprimée par ordre du corps municipal de cette commune. *Strasbourg. de l'Imp. de Levrault,* 1806, in-fol., mar. rouge à longs grains, dent., aigle impériale aux angles, dos orné, doubl. et gardes de tabis bleu, dent. int., tr. dor. (*Rel. de l'époque*).

Exemplaire imprimé sur PEAU DE VÉLIN, relié au chiffre couronné de NAPOLÉON Ier.

5 planches gravées au trait par *Guérin*; elles sont tirées sur papier.

b. — Pays étrangers.

364. POMPE FUNÈBRE DE FERDINAND Ier. Parentalia divo Ferdinando Cæsari Augusto, patri patriae, etc., a Maximiliano imperatore, etc., Ferdinando et Carolo. ser. archid. Austriæ, fratribus, singulari pietate persoluta Viennæ, anno... 1565. *Excudebant Augustæ Vindelicorum Wolfgang Meyerpeck et Joach. Sorg.,* 1566, in-fol. impr. d'un seul côté, mar. rouge foncé, larges dent. semées de larmes, plats ornés, emblème de Ruggieri sur les plats, tr. dor. (*Masson-Debonnelle*).

Exemplaire de Ruggieri; il se compose d'un titre gravé sur une feuille double, de 5 ff. de texte, d'une grande planche pliée et de 31 pl. doubles, gravées en taille-douce.

C'est l'ordre de la pompe funèbre de Ferdinand Ier, frère de l'empereur d'Allemagne Charles-Quint et son successeur. Il est mort le 25 juillet 1564.

A la fin se trouve une pièce de vers, d'une écriture du temps.

« Très bel exempl. bien conservé et *bien complet, d'un livre de la plus grande rareté* et dont nous n'avons jamais vu d'autres exemplaires. Non cité par Brunet et par Graesse. » Catalogue Ruggieri.

365. MARIAGE DE GUILLAUME, COMTE PALATIN. Kurtze doch gegründte Beschreibung des durchleuchtigen H. F. und Herren Herren Wilhelmen, Pfalzgraven bey Rhein, und derselben geliebsten Gemahel... Renata, Hertzogin zu Lottringen, gehalten hochzeitlichen Ehrenfest. (Von Hans Wagner.) (Relation abrégée des fêtes célébrées à Munich en 1568, à l'occasion du mariage de Guillaume, comte palatin du Rhin, et de Renée de Lorraine, par Jean Wagner). *Gedruckt in der Fürstlichen Haublstat München bey Adam Berg, s. d. (1568), in-fol.* cartonné.

> Ouvrage curieux et rare. Cet exemplaire contient 67 feuillets de texte et 13 grandes planches (sur 15) coloriées anciennement ; au bas de plusieurs des planches se trouve le monogramme N. S.
> Exemplaire de Ruggieri.

366. MARIAGE DE CHARLES, ARCHIDUC D'AUTRICHE. Ordentliche Beschreibung des christlichen, hochlœblichen und fürstlichen Beylags oder Hochzeit, so da gehalten ist worden durch den... Herrn Carolen Ertzherzog zu Oesterreich, etc. (Description des fêtes et cérémonies du mariage du prince et seigneur Charles, archiduc d'Autriche, avec Haute Demoiselle Marie, née duchesse de Bavière, qui ont eu lieu le 26 août 1571 à Vienne; faite en vers allemands par H. Wirrich.) *Vienne, Bl. Eber, 1571, in-fol.* 134 ff., fig. sur bois, mar. rouge, fil. dor. et à froid, emblème de Ruggieri sur les plats, tr. dor. (*Masson-Debonnelle*).

> Volume de la plus grande rareté ; en dehors de celui-ci, on n'en connaît d'autre complet que celui qui est conservé au musée de Vienne. Outre les blasons gravés, il contient vingt-deux grandes planches, dont quelques-unes coloriées ; les quinze premières représentent le cortège, la seizième la réception de la fiancée au Danube, les dix-septième, dix-neuvième, vingtième et vingt-deuxième des tournois ; la dix-huitième Diane et les nymphes et la vingt et unième la cavalcade de Pluton.

367. MARIAGE DE FRÉDÉRIC V. Beschreibung der Reiss : Empfahung dess Ritterlichen Ordens : Volbringung des Heyraths : und glücklicher Heimführung : wie auch der ansehnlichen Einführung : gehaltener Ritterspiel und Frewdenfests des Herrn Friederichen dess Funften, Pfaltzgraven bey Rhein, etc., etc.

Mit schonen Kupferstücken gezieret. *S. l. (Heidelberg?). In
Gotthardts Vögelins Verlag,* 1613, pet. in-4, figures, vélin blanc
à recouvrements, ornement au milieu des plats. (*Rel. mod.*).

L'ouvrage qui est orné de 25 belles planches, gravées en taille-douce
par *J.-T. de Bry* et *G. Keller*, renferme la description des fêtes données à
l'occasion du mariage du comte palatin Frédéric V, qui depuis fut, pour
quelques mois, roi de Bohême.

Les armes de la comtesse palatine, peintes à l'aquarelle, sont collées à
l'intérieur du premier plat.

368. SOLEMNITÉS DE L'ÉLECTION (Les) et du couronnement
de Léopolde empereur des romains toujours auguste, etc., ou la
description et la représentation de toutes les choses notables,
mémorables et dignes d'estre veües, qui sont arrivées à Franc-
fort-sur-le-Mein l'an 1658, devant, pendant et après l'élection
impériale. Avec les tables et tailles-douces, et autres choses con-
venables à ceste histoire, et de plus avec la suite des empereurs
romains, depuis Caïc Jules Cesar, jusques à Leopold d'Autriche
à présent regnant. *Francofurti ad Mœnum, apud Casp. Meria-
num,* 1660, pet. in-fol., veau brun, tr. marb. (*Rel. anc.*).

Aux armes de Louis-Henri de LOMÉNIE.
Texte latin avec traduction française en regard.
1 planche d'armoiries avec le portrait de Léopold, 7 portraits et 15 planches gravées par *C. Merian,* avec légendes en allemand, représentant la
marche des cortèges, les fêtes, tournois, etc.
Une grande planche pliée représente une vue perspective de Francfort.

369. SPECTACULORUM IN SUSCEPTIONE PHILIPPI HISP.
PRIN. divi Caroli V Caes. F. an. M.D.XLIX. Antverpiae aedi-
torum, mirificus apparatus. Per Cornelium Scrib. Grapheum,
ejus urbis secretarium, et vere, et ad vivum accurate descriptus.
(A la fin :) *Excus. Antverpiae, pro Petro Alosten impressore ju-
rato, typis Aegidii Disthemii, an. M.D.L* (1550) *men. jun.,* pet.

in-fol. de 59 ff., veau brun, comp. de fil., chiffre aux angles, dos fleurdelisé, tr. jasp. (*Rel. anc.*).

Ouvrage orné de 29 planches gravées sur bois représentant les arcs de triomphe élevés à Anvers pour l'entrée de Philippe II d'Espagne.
Aux armes de Nicolas Chevalier, président de la Cour des aides.
La reliure est réparée.

370. ENTRÉE DU TRÈS HAULT ET TRÈS PUISSANT PRINCE PHILIPES (La très admirable, très magnificque et triumphante), prince d'Espaigne, filz de l'empereur Charles V ; ensemble la vraye description des spectacles, théâtres, archz triumphaulx, etc., lesquelz ont esté faictz et bastis à sa très désirée réception en la tres renommée florissante ville d'Anvers, anno 1549. Premièrement composée et descripte en langue latine, par Cornille Grapheus, greffier de ladicte ville d'Anvers, et depuis traduicte en franchois. (A la fin :) *Imprimé à Anvers, pour Pierre Coeck d'Allost, libraire juré de l'impérialle Majesté, par Gilles van Diest,* 1550, pet. in-fol. de 59 ff., cartonn. demi-toile grise.

Traduction française de l'ouvrage précédent, ornée des mêmes figures. Le titre est compris dans un très bel encadrement gravé sur bois que ne possède pas l'édition latine.

371. ENTRÉE DE MONSEIGNEUR FRANÇOYS (La Joyeuse et magnifique), fils de France, et frère unique du roy, par la grâce de Dieu, duc de Brabant, d'Anjou, Alençon, Berri, etc., en sa très-renommée ville d'Anvers. *A Anvers, de l'Impr. de Christophe Plantin,* 1582, pet. in-fol. mar. rouge, fil., dos orné, dent. int., tr. dor. (*Petit, succ. de Simier*).

Titre orné et 21 planches gravées sur cuivre qui ont été attribuées à Abraham de Bruyn. La planche 17 est plus courte de marges.
Exemplaire de Firmin Didot.

372. DESCRIPTIO PUBLICAE GRATULATIONIS, spectaculorum et ludorum, in adventu sereniss. princ. Ernesti, archiducis Austriae, ducis Burgundiae, comitis Habsp, aurei velleris equitis, belgicis provinciis a regia maj. cathol. praefecti, an MDXCIIII, XVIII Kal. julias, aliisque diebus Antverpiae editorum... Cum carmine panegyrico in ejusdem principis Ernesti... omnia a

Joanne Bochio. *Antverpiae, ex officina Plantiniana*. 1595, in-fol.
vélin blanc, tr. jasp. (*Rel. mod.*).

Livre rare et curieux orné de 2 titres, dans des encadrements gravés
différents, et de 33 planches par *Petr. Van der Borcht.*

373. HISTORICA NARRATIO profectionis et inaugurationis seren.
Belgii principum Alberti et Isabellae, Austriæ archiducum, et
eorum optatissimi in Belgium adventus, rerumque gestarum et
memorabilium, gratulationum, apparatuum et spectaculorum in
ipsorum susceptione et inauguratione hactenus editorum accurata
Descriptio. Auctore Ioanne Bochio. *Antverpiæ, ex officina Plantiniana, apud Ioann. Moretum*, 1602. In-fol., de 500 pp., plus
5 ff. pour la table ; veau fauve (*Rel. anc.*).

Ce volume rare, intéressant pour l'histoire des pompes et des fêtes des
Pays-Bas, et surtout des villes riches d'Anvers et de Valenciennes, contient
33 grandes figures dont les principales sont à l'eau-forte, et font partie de
l'œuvre de *Pierre Van der Borcht,* d'Anvers. Celles qui sont gravées au
burin sont plus difficiles à reconnaître ; elles appartiennent à un graveur
qui travailla beaucoup à la fin du xvi° siècle et au commencement du xvii°
pour l'imprimerie plantinienne (Didot, *Cat. rais.*, n° 926).

Exemplaire de la bibliothèque Firmin-Didot.

374. POMPA FUNEBRIS optimi potentissimiq. principis Alberti
Pii, archiducis Austriac, ducis Burg. Bra., etc. veris imaginibus
expressa A Jacobo Francquart. Ejusdem principis morientis vita,
scriptore E. Puteano. *Bruxellae*, 1623, in-fol. oblong, veau
marb., fil., dos orné, tr. marb. (*Rel. anc.*).

Premier tirage.
Livre intéressant orné d'un titre gravé et de 64 grandes planches, gra-
vées par *C. Galle,* d'après les dessins de *Francquart,* portant les noms des
personnages représentés.
Le texte explicatif est en latin, en français, en espagnol et en flamand.
On y a ajouté une planche représentant le sarcophage de la princesse
Isabelle-Claire-Eugénie, veuve de l'archiduc Albert, érigé le 3 mars 1634
dans l'église de St.-Jacques de Bruxelles.

375. RELATION DU VOYAGE de Sa Majesté britannique en Hol-

lande et de la réception qui lui a été faite, enrichie de planches très curieuses, avec un récit abrégé de ce qui s'est passé de plus considérable depuis l'arrivée de Sa Majesté en Hollande le 31 de janvier jusqu'à son retour en Angleterre au mois d'avril 1691, et l'heureux succès de l'expédition d'Irlande par les armes toujours victorieuses de Sa Majesté. *A la Haye, chez Arnoul Leers*, 1692. In-fol., de 108 pp., vél. blanc (*Rel. anc.*).

Ce beau livre, non cité au *Manuel*, somptueusement exécuté, est un monument élevé par les États de Hollande à Guillaume III. Il contient seize planches très pittoresques et d'un très grand éclat, dues à Romain de Hooghe, qui y a déployé toutes les ressources d'un talent qu'on ne peut véritablement apprécier que dans ces grandes compositions. La 10ᵉ planche montre un émule de Callot dans la disposition des groupes et la touche spirituelle des plus petites figures (Didot, *Cat. rais.*, n° 951).

On y remarque aussi un beau portrait de Guillaume III, gravé au burin par *P. von Gunst*, d'après *J. Brandon*.

Exemplaire très bien conservé.

---

376. CARLO MAGNO, festa teatrale in occasione della nascita del Delfino, offerta alle sacre reali maestà cristianissime del re, e regina di Francia dal cardinale Otthoboni protettore degl' affari della corona. *In Roma, per Ant. de Rossi*, 1729, in-fol., vélin blanc, fil. (*Rel. anc.*).

Texte orné d'un bel encadrement, frontispice et 13 planches par *Michetti et Odam*, gravées par *Massé*.

Cachet de la bibliothèque Colonna sur le titre et au verso du dernier feuillet.

Bel exemplaire.

377. NARRAZIONE delle solenni reali feste fatte celebrare in Napoli da Sua Maestà il re delle Due Sicilie Carlo, infante di Spagna, duca di Parma, Piacenza, etc., per la nascita del suo primogenito Filippo real principe delle due Sicilie. *In Napoli*, 1749, gr. in-fol., veau marb., tr. rouges (*Rel. anc.*).

Frontispice gravé par *C. Grégori*, 20 pages de texte et 15 grandes planches gravées par *Jardin, Vasi, Le Lorrain*, etc.

Reliure fatiguée.

378. **DESCRIZIONE** delle feste celebrate in Parma l'anno 1769 per le auguste nozze di Sua Altezza reale l'infante Don Ferdinando colla reale arciduchessa Maria Amalia. *In Parma, nella stamperia reale,* 1769, gr. in-fol., veau écaille, fil., dos orné, tr. marb. (*Rel. anc.*).

> Aux armes de FERDINAND, Infant d'Espagne, duc de Parme.
> Frontispice, fleuron, vignettes, culs-de-lampe et 36 belles planches par *Petitot,* gravées par *Bassi, Ravenet, Volpato,* etc.

F. — OUVRAGES ET RECUEILS DE PLANCHES RELATIFS A L'ARCHITECTURE. — DÉCORATION INTÉRIEURE. — JARDINS. — VUES.

379. **ARCHITECTURE FRANÇAISE** de Mariette. *A Paris, chez Mariette, s. d.* (1727), in-fol., monté sur onglets, demi-rel., veau fauve, tr. jasp.

> Recueil factice de 217 planches provenant des 2 premiers volumes de l'ouvrage : hôtels de M. Le Gendre, de Duras, de Monbason, de Chaulnes, d'Étampes, de Matignon, de Moras, d'Humières, de Noailles, de Crozat, de Torcy, de Choiseul, du président Lambert, etc., etc.

380. **BLONDEL (J.-Fr.).** De la Distribution des maisons de plaisance et de la décoration des édifices en général par Jacques-François Blondel. Ouvrage enrichi de 160 planches en taille-douce, gravées par l'auteur. *A Paris, chez Charles-Antoine Jombert,* 1737-1738, 2 vol. in-4, veau marb., dos orné, tr. rouges (*Rel. anc.*).

> Bon exemplaire.

381. **CHASTILLON (Cl.).** Topographie françoise, ou représentations de plusieurs villes, bourgs, chasteaux, plans, forteresses, vestiges d'antiquité, maisons modernes et autres du royaume de France ; la pluspart sur les desseings de deffunct Claude Chastillon. *A Paris, chez Louys Boissevin,* 1655, in-fol., veau fauve, fil., dos orné (*Rel. mod.*).

> Cet exemplaire contient :

1° Le titre imprimé à la date de 1655 ;

2° La table imprimée sur un feuillet ;

3° 152 feuilles, dont 149 doubles et 3 simples ; elles contiennent diverses vues et plans.

4° 8 grandes planches pliées, savoir :

1° *Ville et chasteau de La Fère en Picardie ;*

2° *Place Dauphine ;*

3° *Hostel de Nevers,* gravé par *Poinsart ;*

4° *Hospital Saint-Louis,* gravé par *Poinsart ;*

5° *L'admirable dessein de la porte et place de France,* gravée par *Poinsart,* avec légende imprimée ;

6° *Sommaire déclaration des choses plus remarquables de la saincte chapelle de Paris ;* texte imprimé sur 2 colonnes et vue de la Sainte-Chapelle ;

7° *Profil de l'Église de la saincte Chapelle ;*

8° *L'excellent bastiment de la Tour ou phare de Cordouan,* par *Chastillon.*

On y a ajouté : une vue du Portail de l'église de Saint-Ouen, de Rouen, par *Harel.*

382. CHÂTEAU DU PRINCE DE CONTY à Icy, du dessin du s^r Bullet. *A Paris, chez Le Blond,* 7 pl. (sur 8). — Hôtel de Lorge, *Le Blond exc.,* 7 pl. — En 1 vol. in-fol., vélin blanc (*Rel. anc.*).

On y a joint 12 planches de jardins et parterres d'après *Vredeman de Frise.*

383. DAN (Le P. Pierre). Le Thrésor des merveilles de la maison royale de Fontainebleau, contenant la description de son antiquité, de sa fondation, de ses bastimens, de ses rares peintures, tableaux, emblèmes, et devises, de ses jardins, de ses fontaines, et autres singularitez qui s'y voyent par le R. P. F. Pierre Dan... *A Paris, chez Séb. Cramoisy,* 1642, in-fol., veau brun, tr. rouges (*Rel. anc.*).

Ouvrage intéressant et recherché orné de 9 planches, gravées par *Bosse* et *Mich. Lasne.*

384. DECKER (P.). Fürstlicher Baumeister oder Architectura civilis. Inventirt und gezeichnet durch Paulus Decker. Augspurg, Peter Detleffs, 1711-1716, 2 parties et un supplément à la première partie, frontispice et 131 planches gravés. — Leonhard Christoph Sturms Prodromus architecturae Goldmanianae.

Augspurg, Jeremias Wolff, 1714, avec 25 pl. gravées. — Ens. 4 parties en 2 vol. gr. in-folio, mar. vert, compartiments de fil. noirs, dent. intér., tr. dor. (*Gruel*).

385. DENEUFFORGE. Recueil élémentaire d'architecture contenant plusieurs études des ordres d'architecture d'après l'opinion des anciens et le sentiment des modernes. Différents entrecolonnements propres à l'ordonnance des façades. Divers exemples de décorations extérieures et intérieures, à l'usage des monuments sacrés, publics et particuliers. Composé par le sieur de Neufforge, architecte. — Supplément au recueil élémentaire d'architecture... composé par le sieur de Neufforge. *Paris, chez l'auteur,* 1757, 10 tomes en 6 vol. in-fol., cartonn. demi-toile.

Exemplaire contenant 900 planches dessinées et gravées par Deneufforge.

386. DU CERCEAU (J.-A). Livre d'architecture de Jaques Adrouet du Cerceau, contenant les plans et dessaings de cinquante bastimens tous différens : pour instruire ceux qui désirent bastir, soyent de petit, moyen ou grand estat. Avec déclaration des membres et commoditez, et nombre des toises, que contient chacun bastiment, dont l'élévation des faces est dirigée sur chacun plan... *A Paris, chez Jean Berjon,* 1611, in-fol. vélin blanc (*Rel. anc.*).

Cette édition est augmentée d'une *brève déclaration de la manière et forme de toiser la maçonnerie de chacun logis...*; elle contient 1 titre, 15 feuillets de texte et 69 planches.
Exemplaire dans la reliure de l'époque.

387. FISCHER VON ERLACH (J.-E.). Prospecte und Abrisse einiger Gebäude von Wien, das elbst gezeichnet von J. E. F. v. E. (J. E. Fischer von Erlach). Joh. Ad. Delsenbach sculpsit. Vues et façades de quelques hotels de Vienne, dessinées sur le lieu par J. E. F. d'E. S. *l. n. d.*, 27 planches gr. (sur 30). — Wahrhaffte und genaue Abbildung aller Kirchen und Clöster, welche sowohl in der keyserl. Residenz. Statt Wien als aush in den umliegenden Vorstätten sich befinden. Gezeichnet von Salomon Kleiner. Verlegt und an den Tag gegeben durch Johann Andreas Pfeffel,

Kupferstecher in Augspurg. Anno 1724-1727, 4 parties, 4 titres, 2 préfaces, 2 frontispices (sur 4) et 119 (sur 132) planches d'architecture. — [Vues d'architecture de la ville de Saltzburg]. 1 planche de dédicace et 18 estampes, dessinées par François-Antoine Danreiter. *Augsburg, Joh.-Andr. Pfeffel, s. d.* — Ens. 3 ouvrages en un vol. in-fol., veau brun, dos orné (*Rel. anc.*).

Mouillure aux deux premières planches ; petites taches.

388. FRANCINE (A.). Livre d'architecture contenant plusieurs portiques de différentes inventions sur les cinq ordres de colonnes, par Alexandre Francine. *A Paris, chez Melchior Tavernier*, 1631, in-fol., parchemin (*Rel. anc.*).

30 planches, dont 29 gravées par *Tavernier*, et 1 planche contenant le portrait de Francine, gravée par *Bosse*.
Mouillures.

389. HÉRÉ. Recueil des plans, élévations et coupes, tant géométrales qu'en perspective, des châteaux, jardins et dépendances que le roy de Pologne occupe en Lorraine, y compris les batimens qu'il a fait élever, ainsi que les changemens considérables, les décorations et autres enrichissemens qu'il a fait faire à ceux qui étoient déjà construits. Le tout dédié à Sa Majesté, par M. Héré, son premier architecte. *Se vend Paris, chez François*, *s. d.*, 2 parties en 1 vol. gr. in-fol., demi-rel. mar. vert, tr. rouges (*Rel. mod.*).

Titre gravé, 2 frontispices par *Girardet*, gravés par *Lotta*, dédicace gravée dans un bel encadrement et grandes planches gravées. — Les planches 17, 18, 27, 28, 34, 36, 39, 40 et 42 du tome I, manquent et ainsi que les planches 5, 8, 14, 18, 21, 24 et 29 du tome II.
On a relié avec cet exemplaire : Plans et élévations de la place royale de Nancy et des autres édifices qui l'environnent bâtie par les ordres du roy de Pologne, duc de Lorraine, dédiées au roy de France, par Héré. *A Paris, chez François, s. d.*, titre par *Choffard*, gravé par *Lattré*, frontispice par *Girardet*, dédicace gravée et 13 grandes planches.

390. IXNARD (P.-M. d'). Recueil d'architecture représentant en 34 planches, palais, châteaux, hôtels, maisons de plaisances, maisons bourgeoises, églises paroissiales et conventuelles, plu-

sieurs jardins à l'angloise, et un nouvel ordre d'architecture ; exécutés tant en France qu'en Allemagne, sur les dessins de P.-M. d'Ixnard. *A Strasbourg, chez Treuttel*, 1791, gr. in-fol., cartonné.

> 34 planches gravées par *Poulleau Durocher, C. Dupuis, Weiss*, etc.

391. KLEINER (S.). Résidences mémorables des principaux héros de notre siècle, ou représentation exacte des édifices et jardins de S. A. S. Mgr. le prince Eugène-François, duc de Savoye et de Piémont, marquis de Salusses, etc., etc. *Augspurg in Verlegung Jeremias Wolff's*, 1731, 12 parties en 1 vol. in-fol., oblong, dos et coins mar. rouge, tête dor.

> Important recueil contenant 122 planches dessinées par *Kleiner*, gravées par *Corvinus, Werlin*, etc., représentant les plans, élévations, chambres, salons, jardins, etc., etc. des résidences du prince Eugène de Savoie.
>
> On remarque aussi dans ce recueil les vues des châteaux de Weyssensteyn, de Geubach et du château de chasse de l'évêque de Bamberg.
>
> La planche 6, de la 10e partie manque.

392. KRAFT (Ch.). Recueil d'architecture civile, contenant les plans, coupes et élévations des châteaux, maisons de campagne, etc., situés aux environs de Paris, par Jean-Ch. Krafft. *Paris*, 1806-1807, in-fol., demi-rel. bas. verte.

> 120 planches gravées par *Chamon, Boulay, Gentot, Van Maelle*, etc. — Sans le titre.

393. KRÜGER. XVII Plans und Prospecte Zu Potsdam's Merkwürdigkeiten. *Postdam*, 1798, in-fol. oblong, cartonné.

> 17 plans et vues gravés d'après *Krüger* dont 3 coloriés.

394. LAMOUR (J.). Recueil des ouvrages en serrurerie que Stanislas le bienfaisant, roy de Pologne... a fait poser sur la place royale de Nancy à la gloire de Louis le Bien-aimé. Composé et exécuté par Jean Lamour, son serrurier ordinaire, avec un discours sur l'art de serrurerie et plusieurs autres desseins de son invention. *Se vend à Nancy, s. d.* (1768), in-fol., cartonné.

> Titre gravé dans un bel encadrement, dédicace à Stanislas dans un riche

encadrement, 1 vignette allégorique gravée par *Collin*, d'après *Girardet* et 20 planches gravées d'après les dessins de *Jean Lamour*, par *Collin* et *Nicole*.

395. LE BRUN. La grande galerie de Versailles et les deux salons qui l'accompagnent, peints par Charles Le Brun, premier peintre de Louis XIV, dessinés par Jean-Baptiste Massé, et gravés sous ses yeux par les meilleurs maîtres du tems. *A Paris, de l'Imp. royale*, 1752, gr. in-fol., mar. rouge. dos orné, dent. int., tr. dor. (*Rel. anc.*).

> Portrait de Massé, gravé par *Wille*, d'après *Tocqué* et 52 grandes planches, gravées par *Aubert, Audran, Beauvais, Cars, Desplaces, Duflos, Dupuis*, etc.
>
> Bel exemplaire.

396. LE PAUTRE (J.). OEuvres d'architecture de Jean Le Pautre, architecte, dessinateur et graveur du roi. *A Paris, chez Cellot et Jombert, s. d.*, 3 tomes en 1 vol. pet. in-fol. veau brun.

> Cet exemplaire ne contient que 741 planches (sur 785): frises, feuillages, panneaux, placards, plafonds, portes, cheminées, lambris, portails d'églises, chaires à prêcher, confessionnaux, tombeaux, fontaines, grottes, jardins, cartouches, trophées d'armes, vaisseaux et galères, compositions allégoriques, etc., etc. Les trois titres gravés portent la date de 1751.

397. MALLET (Allain Manesson). Description de l'univers, contenant les différents systèmes du monde, les cartes générales et particulières de la géographie ancienne et moderne : les plans et les profils des principales villes et des autres lieux plus considérables de la terre : avec les portraits des souverains qui y commandent, leurs blasons, titres et livrées : et les mœurs, religions, gouvernements et divers habillements de chaque nation. *A Paris, chez Denys Thierry*, 1683, 5 vol. pet. in-8, mar. rouge, fil., dos orné, dent. int., tr. dor. (*Rel. anc.*).

> Ouvrage estimé orné de plus de 150 cartes, plans et planches gravés hors texte, etc., très intéressantes par les nombreuses vues de villes et de monuments qu'elles renferment.
>
> Bel exemplaire.

398. MAROT. Opera D. Marot, architecti Guilelmi III regis Magnae Britanniae, continentia magnam multitudinem inventorum

in usum architectorum, pictorum, sculptorum, fabrorum aura-
riorum, hortulanorum, aliorumque ; quae omnia collecta sunt et
accomodata studiis eorum, qui bonarum artium amore ducun-
tur. *S. l. n. d.* (*Amsterdam,* vers 1712), pet. in-fol., veau
jasp., dos orné, tête rouge.

> Collection rare renfermant 114 planches de berceaux, treillages, jardins,
> fontaines, vases, portes, horloges, plafonds, etc.

399. RECUEIL DES FONDATIONS et établissemens faits par le
roi de Pologne, duc de Lorraine et de Bar, qui comprend la
construction d'une nouvelle place, au milieu de laquelle est éri-
gée la statue de Louis XV, et les bâtimens que S. M. Polonoise a
fait élever dans la ville de Nancy pour son embellissement —
Compte général de la dépense des édifices et batimens que le roi
de Pologne, duc de Lorraine et de Bar a fait construire pour
l'embellissement de la ville de Nancy depuis 1751, jusqu'en
1759. *A Lunéville, chez Cl.-F. Messuy,* 1761-1762. — Ens. 2
ouvrages en 1 vol. in-fol., veau marb., dos orné, tr. dor. (*Rel.
anc.*).

> Le second ouvrage est orné d'un plan de Nancy, de 3 grandes planches
> représentant les grilles de la place royale de Nancy ; vues nombreuses de
> monuments gravées dans le texte.

400. RÉUNION de 55 planches d'architecture, gravées par Mariette, 1 vol. in-fol., veau brun (*Rel. anc.*).

> Hôtel de Noailles, 7 pl. — Château de Bercy, 6 pl. — Maison de
> M. Blouin, 3 pl. — Maison de Mᵐᵉ de Varanjeville, 3 pl. — Maisons de
> MM. Hoguer, Lullin, Hôtel de Duras, maisons diverses d'après les dessins
> de Blondel, 16 pl. — Hôtel de Soubise, 4 pl., d'après les dessins de Blon-
> del. — Maison de M. Paris à Bercy, 10 pl. — Maison de M. Crozat,
> 6 pl.

401. TURGOT. Plan de Paris, commencé l'année 1734, dessiné
et gravé sous les ordres de messire Michel Etienne Turgot.....
achevé de graver en 1739. *Paris,* 1739, in-fol., mar. rouge, pet.
dent. fleurdelisée, dos fleurdelisé, tr. dor. (*Rel. anc.*).

> Reliure très fatiguée aux armes de la ville de Paris.
> Plan d'assemblage et 20 planches.

402. VIGNOLE. Livre nouveau ou règles des cinq ordres d'architecture, par Jacques Barozzio de Vignole. Nouvellement revu, corrigé et augmenté par M. B*** (Blondel). Avec plusieurs morceaux de Michel-Ange, Vitruve, Mansard et autres célèbres architectes, tant anciens que modernes. Le tout enrichi de cartels, culs-de-lampe, paysages, figures et vignettes..... d'après Blondel, Cochin et Babel. *A Paris, chés Charpentier,* 1757, in-fol. de veau jasp., dos orné, tr. marb. (*Rel. anc.*).

> Aux armes de BAVIÈRE.
> Exemplaire bien complet des 109 planches.

403. VUES DE LA RÉSIDENCE DUCALE DE LOUISBOURG. *Louisbourg, Wolff, s. d.,* in-fol.. carton., dos et coins parch.

> Titre gravé, grande vue de Louisbourg par *Corvinus,* et 18 planches par *G. Frisoni* et *Corvinus.*
> Exemplaire fatigué.

---

404. BÉRAIN (J.). Ornemens inventez par J. Bérain. *Et se vendent (à Paris) chez Monsieur Thuret, s. d.,* in-fol., demi-rel. chagrin bleu, tête rouge.

> Cet exemplaire contient 82 planches, dont voici le détail :
> Titre.
> 29 planches de panneaux, arabesques, etc.
> 1 planche contenant 2 cheminées.
> 11 planches d'arabesques, panneaux décoratifs, plafonds, etc.
> 23 planches de cheminées, dont le titre « *Dessins de cheminées dédiez à Monsieur Jules Hardouin Mansard... par son très humble serviteur Berain.*
> 1 planche de cartels.
> 1 planche, consoles de mur et personnages dansant.
> 4 planches de meubles, lustres, etc.
> 4 planches, de cartels, pièces d'orfèvrerie, armes, flambeaux, etc.
> 4 planches de chapiteaux.
> 3 planches de flambeaux et torchères.
> 1 planche, mausolée.
> La plupart des planches sont remontées.

405. LA FOSSE (J.-C. de). Trophées inventés et dessinés par J.-C. de La Fosse. *A Paris, chez Daumont, s. d.*, in-fol., cartonné.

6e livre : Trophées d'amour et de musique, 5 pl. — 2e livre : Trophées contenant divers attributs de guerre, 5 pl. — 1er livre de trophées contenant divers attributs d'Eglise, 5 pl. — 3e livre de trophées représentant divers attributs militaires, 5 pl. — 4e livre de trophées contenant divers attributs pastorals, 5 pl. — 5e livre de trophées contenant divers attributs de chasse et de pêche, 5 pl.

On y a ajouté : 1 planche : chapelle sépulcrale, gravée par *Le Canu*, 6 planches : tombeaux antiques, gravées par *Littret*, d'après *de La Fosse* et 3 planches de fontaines par *Blondel* et *Le Canu*.

406. RECUEIL de 13 planches de serrurerie, grilles, rampes, balcons, vases, etc., par Lucotte, Boucher fils, Lamour, Caillouel, Desbœufs, Aubert, en 1 vol. in-fol., cartonné.

Toutes ces planches sont montées sur bristol.

----

407. CHAMBERS (W.). Plans, elevations, sections and perspective views of the gardens and buildings at Kew in Surry, the seat of Her Royal Highness the princess dowager of Wales, by William Chambers. *London, printed by J. Haberkorn*, 1763, in-fol., veau marb., dos orné, tr. rouges (*Rel. anc.*).

43 grandes planches, gravées par *Booker*, *Miller*, *Noval*, etc.
Dans le même volume :
Dessins des édifices, meubles, habits, machines et ustensiles des Chinois, gravés sur les originaux dessinés à la Chine par M. Chambers, auxquels est ajoutée une description de leurs temples, de leurs maisons, de leurs jardins, etc. A Londres, de l'Imp. de J. Haberkorn, 1757, 21 planches gravées par Grignion, Sandby, Fourdrinier, etc.

408. FÜLCK (J.-D.). Neue Gartenlust oder völliges Ornament, so bey Anlegung neuer Lust und Blumen- als auch Küch und Baumgärten, höchst nöthig und dienlich. Herausgegeben von Johann David Fülcken. *Verlegt und zufinden bey Johann Andreas Pfeffel in Augsburg. S. d.* (vers 1730), in-fol. oblong, titre gravé, 1 f.

de texte et 68 planches gravées, chiff. 1-67 (2 pl. chiff., n° 21), veau brun (*Rel. anc.*).

Ouvrage non cité par Guilmard. Les 68 planches, gravées par *Pfeffel* représentant des parterres, grottes, cascades, treillages et autres décorations de jardins.

409. GALIMARD FILS. Architecture de jardins, dédiée à Monsieur Joly de Fleury, conseiller d'État, par son très humble et très obéissant serviteur Galimard fils. *A Paris, chez Mondhare, s. d.* (1750), in-fol., cartonn. demi toile grise.

Recueil rarement aussi complet, il contient un titre gravé par *Binet*, d'après *Marillier* et 69 planches de parterres, orangeries, bosquets, etc.

410. LE BOUTEUX FILS. Plans et dessins nouveaux de jardinage du sieur Le Bouteux fils. *A Paris, chez J. Nolin, s. d.*, in-fol. oblong, cartonn. demi-toile grise.

1° Titre, dans un bel encadrement gravé, et 11 planches de parterres et jardins ; 2° une suite de 12 planches (numérotées 1 à 12) de parterres et jardins. *A Paris, chez Le Blond.*

On a relié avec cet exemplaire : 1° 8 planches de parterres inventées par *V. Touchar*, gravées par *Le Pautre* ; 2° 14 planches par Le Nôtre et Pérelle : du jardin des Tuileries, de l'hôtel de Condé, Versailles, etc. *A. Paris, chez N. Langlois.*

411. VREDMANN (J.). Hortorum viridariorumque elegantes et multiplices formae ad architectonicae artis normam assabre delineatae a Johanne Vredmanno Frisio. *Philippus Galleus excudebat Antuerpiae, 1583, in-4 oblong, broché.*

Titre dans un bel encadrement gravé et 20 planches de parterres gravées.

Dorica, 6 pl. — Ionica, 7 pl. — Corinthia, 7 pl.

412. VREDMANN (J.). Hortorum viridariorumque elegantes et multiplices formae ad architectonicae artis normam assabre delineatae à Johanne Vredmanno Frisio. *Antverpiae, exc. Joannes Galleus, s. d.*, in-fol. oblong, demi-rel., chagrin vert.

Titre dans un bel encadrement gravé, et 34 planches de parterres et jardins.

413. JANSCHA (L.). Collection de cinquante vues du Rhin, les plus intéressantes et les plus pittoresques, depuis Spire jusqu'à Dusseldorf, dessinées sur les lieux d'après nature. *Wien, Artaria et Cie, s. d.* (vers 1798), in-fol. oblong, demi-rel. bas. verte.

Belle collection de 5o vues dessinées par *L. Janscha*, gravées par *Ziegler*, et finement coloriées.

Texte en français et en allemand.

414. LE ROY (J. de). Topographia historica Gallo-Brabantiae, qua Romanduae oppida, municipia et dominia illustrantur, atque monasteria, nobiliumque praetoria castellaque in aes incisa exhibentur, auctore Jacobo Barone Le Roy. *Amstelaedami, typis Hermanni Allardi,* 1692, in-fol. mar. rouge, fil., dos orné, dent. int., tr. dor. (*Rel. anc.*).

Ouvrage orné d'un frontispice, de 54 planches (la plupart de vues de villes, châteaux, monastères, tombeaux) et de blasons.

Les armoiries des villes et tous les blasons ont été coloriés avec soin anciennement.

415. MERIAN (M.). Topographia Helvetiae Rhaetiae et Valesiae. Dat is eene beschryuinge en eygentlyke afbeeldinge der steden en plaets en vāt loffelyke Eetgenootscap anders Schweitserland etc. Naart leven afgetekēt door Matheo Merian en nu uytgegeven tot. *Amsterdam by C. Dankers, s. d.* (1644), 55 planches gravées. — Een historische Beschrijvinge van Svvitser-landt. Beschreven in't latijn, door Josias Simler. En nu in't nederduyts uytghegheven by Cornelis Danckaertsz. (*Amsterdam*), 1644. — Ens. 2 ouvrages en un vol. in-folio, vélin jaune à recouvrements, tr. jasp. (*Rel. anc.*).

Bon exemplaire ; 55 planches (vues et cartes), gravées par *Math. Merian.*

416. VIEWS IN EGYPT, from the original drawings in the possession of Sir Robert Ainslie, taken during his embassy to Constantinople by Luigi Mayer : engraved by and under the direction of Thomas Milton : with historical observations and incidental illustrations of the manners and customs of the natives of that country. *London, printed by Th. Bensley,* 1801, pet.

in-fol. mar. rouge à longs grains, comp. de dent. or et à froid, dos orné, dent. int., tr. dor. (*Rel. de l'époque*).

Bel ouvrage orné de 48 planches gravées et coloriées.

417. VUES REMARQUABLES DES MONTAGNES DE LA SUISSE, gravées sous la direction de M. Vernet. *A Paris, chez Graff*, s. d., in-fol., demi-rel. mar. rouge, plats papier avec pet. dent., dos orné (*Rel. de l'époque*).

Titre gravé à la manière du lavis et tiré en bistre et 36 planches dessinées par *Clément, Wolff* et *Rosenberg*, gravées en COULEURS par *Janinet, Carré* et *Descourtis*.

418. ZURLAUBEN (Baron de). Tableaux topographiques, pittoresques, physiques, historiques, moraux, politiques, littéraires de la Suisse, par le baron de Zurlauben (avec une table analytique par Quétand). *A Paris, de l'Imp. de Clousier*, 1780-1786, 5 vol. in-fol., mar. rouge à longs grains, comp. de fil., dent. int., tr. dor. (*Rel. anc.*).

Exemplaire imprimé sur GRAND PAPIER contenant les planches en épreuves AVANT la lettre. On y a ajouté 205 EAUX-FORTES, la plupart sont remontées.

Les planches avant la lettre ont des légendes manuscrites d'une bonne écriture ancienne.

III. — LIVRES DANS TOUS LES GENRES.

A. — THÉOLOGIE.

419. HORAE. In-8 de 159 feuillets relié en velours rouge, avec ais
en bois.

Manuscrit sur vélin de l'extrême fin du xvᵉ siècle. La date d'exécution
n'en saurait être, en effet, antérieure à 1494, d'après un passage du fol.
118, où se trouve relatée une concession d'indulgence par le pape Alexandre VI. Et il aurait été composé pour l'usage d'un des diocèses dans la
basse vallée du Rhin, d'après les noms de saints qu'on y relève dans le calendrier (fol. 1-12) : « Pancracii et sociorum (12 mai), Servatii, episcopi
(13 mai), Odulphi, confessoris (12 juin), Victoris et Gereonis (oct.),
ccclxx Maurorum, martyr (15 oct.), Willibrordi episcopi (7 nov.), Le-
buini, confessoris (12 nov.). » Il a appartenu au xviiᵉ et au xviiiᵉ siècle, à
la famille de Clugny, qui a utilisé les derniers feuillets dont il se compose,
pour y noter les naissances, mariages et décès de ses différents membres.
D'après un billet collé sur l'un des feuillets de garde du commencement,
il aurait été laissé, en 1824, par Mᵐᵉ la comtesse de Lohéac, née de Clugny, à A.-F. de Persan, qui l'aurait, à son tour, donné en 1826 à « M. Le
Masle, peintre du prince de Salerne ».

Il est luxueusement orné d'environ 61 miniatures, tant grandes que petites, sans y comprendre, toutefois, celles qui illustrent le calendrier et
celles, très nombreuses, qui sont peintes dans les marges, au milieu de
somptueux encadrements, dont la variété est presque aussi surprenante
que la richesse. Mais plusieurs de ces miniatures ont été peintes postérieu-
rement à la formation primitive du volume, sur des feuillets qui y ont été
soigneusement ajoutés et collés. Certains encadrements paraissent, en outre, être dus à cette seconde main.

420. HORAE. In-8 de 83 feuillets, mar. brun, compart. de mar. orange avec fermoirs en argent.

Beau manuscrit sur parchemin de l'extrême fin du xv° siècle, orné de 12 grandes miniatures d'une bonne exécution et de 23 petites, en y comprenant les 6 du calendrier. La marge extérieure de presque tous les feuillets est, en outre, décorée de rinceaux de feuillages et de fleurs et de nombreuses figures grotesques. Le calendrier est en français et écrit alternativement en rouge et bleu. On y trouve les saints qui figurent, assez généralement, dans les livres d'heures parisiens imprimés en si grand nombre à cette même époque.

Les sujets des grandes miniatures sont ceux qu'on rencontre, d'ordinaire, dans les manuscrits de ce genre : Annonciation (fol. 16), Visitation (fol. 25), Nativité (fol. 31), Annonciation aux Bergers (fol. 33), Adoration des Mages (fol. 35), Présentation au Temple (fol. 37), Fuite en Égypte (fol. 39), Couronnement de la Vierge (fol. 42), Jésus en Croix (fol. 48), Pentecôte (fol. 50), David et Bethsabée (fol. 52), Les trois morts et les trois vifs (fol. 61).

Sur le verso du fol. 12, ont été peintes, dans le haut, les armes de la famille de Terrail — qui est, comme on sait celle du chevalier Bayart — avec, comme timbre, une crosse et une mitre ; et, dans le bas, avec accompagnement des lettres G & M, réunies par une cordelière, les armes d'un de Varey : *d'azur à 6 cotices d'or, au chef d'argent, chargé de 3 corneilles de sable, tournées à dextre, celle du milieu chargée d'une étoile d'or, à la bordure componnée d'azur et d'or.* Au lieu de cotices, certains armoriaux donnent aux de Varey un *bandé d'or et d'azur* ou *trois jumelles en bande, d'or.*

Le prélat indiqué par les armes du haut paraît être Théodore Terrail, le riche abbé d'Ainay, mort en 1505, qui fut le protecteur de Bayart, bien plutôt que les frères de ce dernier, Philippe ou Jacques, successivement évêques de Glandèves, de 1520 à 1535. Les armes du bas et les lettres de l'encadrement se rapportent, en effet, à Madeleine Terrail, nièce du susdit abbé d'Ainay, et à son mari Claude (ou peut-être même Guillaume) de Varey.

L'un des deux fermoirs est incomplet. Au cours du xix° siècle, ce livre d'heures devint la propriété de M. A. Bonnardot, qui eut la singulière idée d'y faire mettre, sur deux feuillets de la fin, ses initiales « A. B » et son nom « A. Bonnardot », au moyen d'initiales enluminées du xv° siècle, découpées dans un autre manuscrit !

421. HORAE. In-8 de 210 feuillets, mar. rouge, compart. de fil avec fermoirs en fer.

Beau manuscrit sur parchemin de la fin du xv° siècle, très bien conservé, orné de 21 grandes miniatures et de 28 petites (dont 12 pour le calendrier), sans compter celles qui ont été plus d'une fois mêlées aux bordures, dont presque toutes les pages sont ornées. Dans les grandes miniatures sont représentés les sujets suivants : Création de la femme (fol. 13), S. Jean dans l'île de Pathmos (fol. 14), Vierge et enfant Jésus (fol. 21), Jeune femme, pour laquelle le manuscrit a été sinon composé du moins arrangé (fol. 26 v°), Arbre de Jessé (fol. 30 v°), Annonciation (fol. 31), Visitation (fol. 57 v°), Nativité de J.-C. (fol. 70 v°), Annonciation aux Bergers (fol. 77), Adoration des Mages (fol. 82), Présentation au Temple (fol. 86 v°), Fuite en Égypte (fol. 91), Couronnement de la Vierge (fol. 98 v°), Pélican (fol. 104 v°), Jésus en Croix (fol. 105), Pentecôte (fol. 112 v°), David et Goliath (fol. 119 v°), David et Bethsabée (fol. 120), Job (fol. 140), Vierge et Enfant Jésus (fol. 191) et Trinité (fol. 197). Ces miniatures ne sont pas toutes dues à la même main. Plusieurs d'entre elles semblent y avoir été ajoutées, lorsque le volume fut complété à l'intention de la personne qu'on y voit représentée au fol. 26 v°, mais qu'on ne peut identifier, l'écu destiné à recevoir ses armes étant resté blanc. De ce nombre sont les miniatures des fol. 13, 30 v°, 104 v° et 119 v°. Beaucoup d'encadrements, tant dans le calendrier que dans le corps même du manuscrit, sont dus à cette seconde main. On lit sur l'un des feuillets de garde du commencement le nom d'un ancien possesseur : « B. Combes, prêtre. »

422. **LAZZARINUS (Dom.).** Dominici Lazzarini ex nobilibus de Murro defensio in P. Bartholomaeum Germonium edita studio Cajetani Lombardi philosophi et medici neapolitani. *Venetiis, per Nicolaum Pezzanam*, 1708, pet. in-8, veau fauve, fil., plats entièrement couverts de fil. courbes et de dent. au pointillé, dos orné, tr. dor. ciselées (*Rel. anc.*).

Curieuse reliure.

423. **OFFICE DE LA SEMAINE SAINTE (L')** corrigé par le commandement du roy : conformément au bréviaire et messel de Notre S. Père le Pape. Nouvelle édition. *A Paris, chez la veuve de Denis Chenault, s. d.*, in-8, mar. rouge, plats couverts, comp. de fil. droits et courbes et de petits fers au pointillé, dos orné et fleurdelisé, dent. int., tr. dor. (*Rel. anc.*).

Le frontispice et le titre ont la marge du bas coupée.

424. **PSEAUMES.** Les CL pseaumes de David latins et françois ; traduicts par feu M. Renaud de Beaune, archevesque de Bour-

ges ; dernière édition revene et corrigée. *A Paris, chez Henry le Gras,* 1631, pet. in-12, mar. vert, fil. plats et dos semés de médaillons de feuillages renfermant une grande fleur : lis, margue-rites, œillets ou soleils, tr. dor. (*Rel. anc.*).

Reliure de l'époque dont la décoration rappelle celle des reliures dont la provenance est attribuée à la reine Marguerite, première femme de Henri IV.

425. PSEAUMES. Psalmorum Davidis... *S. l. n. d.,* in-12, mar. vert, fil., plats et dos ornés de petits médaillons de feuillages renfermant une grande fleur (œillet, pensée, marguerite), un soleil ou divers chiffres, tr. dor. (*Rel. anc.*).

Le titre et les premiers feuillets manquent.

Reliure du commencement du xviie siècle fatiguée, les chiffres sont for-més de Φ, et des lettres C et R doublées.

426. SPIFAME (Radolphus). Dicaearchiae Henrici (secundi) regis Christianissimi progymnasmata. *S. l. n. d.* (Paris, circa 1556), pet. in-8, mar. La Vall.. comp. de mar. noir et de fil. droits et courbes, dos orné, dent. int., tr. dor. (*Capé*).

Livre rare. Bien que le titre soit en latin, tout l'ouvrage est en fran-çais ; il se compose d'arrêts supposés souverains imaginés par Spifame.

Exemplaire du baron Double et de H. Bordes. Jolie reliure de Capé.

B. — SCIENCES ET ARTS.

427. BUFFON. Collection complète des oiseaux de Buffon, 4 vol. in-4, mar. rouge, fil., dos orné, dent. int., tr. dor. (*Rel. anc.*).

Réunion de 1008 planches, dessinées et gravées par *Martinet* et finement coloriées.

Le titre ci-dessus est celui qui se trouve sur le dos des volumes.

428. DROZ (Joseph). Essai sur l'art d'être heureux. *A Paris, chez Ant.-Aug. Renouard,* 1806, in-12, veau gris, fil. dor. et dent. à

froid, semis, plats entièrement couverts de filets au pointillé, dos orné, dent. int., tr. dor. (*Rel. de l'époque*).

Curieuse reliure.

429. **FOURNIER.** L'Anatomie pacifique, nouvelle et curieuse, conforme à la doctrine d'Hippocrate et de Galien, qui donne les moyens d'accorder les récents avec les anciens, par des expériences nouvelles, principalement touchant les actions du cœur et des poulmons, par D. Fournier, M. C. Juré. *A Paris, chez l'autheur et chez Sébastien Cramoisy,* 1678, in-4, réglé, mar. rouge, fil. et petite dent., semis de fleurs de lis sur les plats, dos fleurdelisé, tr. dor. (*Rel. anc.*).

Vignette sur le titre, portrait de Fournier, et 51 figures gravées sur bois.

430. **LA BRUYÈRE.** Les Caractères de Théophraste d'après un manuscrit du Vatican, contenant des additions qui n'ont pas encore paru en France. Traduction nouvelle, avec le texte grec, des notes critiques, etc., par Coray. *A Paris, chez J.-J. Fuchs,* an VII-1799, in-8, portrait, mar. vert, fil. et dent. formés de feuilles de vignes et de grappes, plats couverts de fil. quadrillés semés de points, dos orné, doubl. et gardes de satin lie de vin, dent. int., tr. dor. (*Bozérian*).

Curieuse reliure très fraîche.

431. **LA VARENNE** (Le sieur de). Le Vray cuisinier françois, enseignant la manière de bien apprester et assaisonner toutes sortes de viandes, grasses et maigres, légumes et patisseries en perfection, etc. Augmenté d'un nouveau confiturier, qui apprend à bien faire toutes sortes de confitures tant sèches que liquides, de compostes, de fruits, de salades, etc., etc., par le sieur de La Varenne. *A Paris, chez Jean Ribou,* 1682, in-12, vélin blanc (*Rel. anc.*).

Exemplaire bien conservé.

432. **MONTAIGNE.** Les Essais de Michel, seigneur de Montaigne. Édition nouvelle, trouvée après le deceds de l'auteur, reveue et

augmentée par luy d'un tiers plus qu'aux précédentes impressions. *A Paris, chez Abel L'Angelier*, 1595, in-fol., mar. rouge, jans., doubl. de mar. rouge, avec large dent. à petits fers, tr. dor. (*Duru*).

Précieuse édition publiée par Mlle de Gournay, sur un exemplaire de l'édition de 1588 chargé de corrections et d'additions de Montaigne.

Un des rares exemplaires contenant l'*avis au lecteur* commençant par ces mots : « *C'est icy un livre de bonne foy* ».

Aux armes du baron Seillière.

433. MONTAIGNE. Les Essais de Michel de Montaigne. Nouvelle édition enrichie et augmentée aux marges du nom des autheurs qui y sont citez, avec les versions des passages grecs, latins et italiens. *A Paris, chez Christophle Journel*, 1659, 3 vol. in-12, mar. rouge, fil., dos orné, dent. int., tr. dor. (*Rel.anc.*).

Bonne édition, ornée de trois titres gravés par *De Larmessin*, avec le portrait de Montaigne.

C'est sur cette édition qu'a été faite celle d'Amsterdam 1659, mais elle est plus correcte que cette dernière.

434. PLUVINEL (Ant.). Maneige Royal où l'on peut remarquer le défaut et la perfection du chevalier, en tous les exercices de cet art, digne des princes, fait et prattiqué en l'instruction du roy, par Anthoine Pluvinel, son escuyer principal (publié par J.-D. Peyrol). Le tout gravé et représenté en grandes figures de taille-douce, par Crispian de Pas. *A Paris, en la boutique de L'Angelier, chez Claude Cramoisy*, 1623, in-fol. oblong, mar. La Vall., fil., dos orné, dent. int., tr. dor. (*Joly*).

Première édition dont le texte est imprimé sur 2 colonnes; elle est ornée d'un frontispice, des portraits de Louis XIII et de Pluvinel, et de 57 grandes planches (au lieu de 63), par Crispin de Pas; elles portent le nom des personnages qui y sont représentés. L'exemplaire est incomplet de la dédicace au roi en caractères italiques, du portrait de Pluvinel entouré des sonnets de Petit-Bourbon et de Reclus, de la figure 15 de la première partie, des figures 40 RR, 41 SS, 42 TT, 47 CCC, 45 AAA, 46 BBB de la seconde partie.

Le titre porte la date de 1624 et le frontispice, celle de 1623.

435. SÉNÈQUE. Les œuvres morales et meslées de Senecque, traduites de latin en françois et nouvellement mises en lumière par Simon Goulart, senlisien..... *A Paris, chez Jean Houzé,* 1595, in-4, réglé, mar. rouge, large encad. de fil. contenant de petits médaillons de feuillages renfermant une grande fleur, des larmes ou une grande fleur de lis, milieu orné d'un médaillon de feuillage, dos orné de petits médaillons de feuillages, tr. dor. (*Rel. anc.*).

> Tome premier seul.
> Curieuse reliure. Signature de l'amiral Justinus de Nassau sur le titre.

C. — BELLES-LETTRES.

436. AMOURS DES DAMES ILLUSTRES DE FRANCE sous le règne de Louis XIV. *A Bologne, chez Pierre Marteau, s. d.* (vers 1737), 2 vol. pet. in-12, mar. vert, fil., dos orné, dent. int., tr. dor. (*Rel. anc.*).

> Édition plus complète que les précédentes. Elle est ornée d'un frontispice et de 16 figures. Elle renferme : l'*Histoire amoureuse des Gaules*, les amours de La Vallière, de Madame, de Mademoiselle, de Madame de Bagneux, de Madame de Brancas, *La Déroute et l'Adieu des filles de joie de la ville et faux-bourgs de Paris*, les amours de Mlle de Fontange, de Madame de Maintenon et du Dauphin avec la comtesse du Roure.

437. AUBIGNÉ (Th.-Agrippa d'). Les Tragiques, donnez au public par le larcin de Promethée. *Au Dézert (Genève), par L. B. D. D.,* 1616, pet. in-4, mar. rouge, chiffre aux angles des plats et sur le dos, dent. int., tr. dor. (*Trautz-Bauzonnet*).

> Édition originale.
> Exemplaire sans le feuillet d'errata qui fut ajouté plus tard à quelques exemplaires.
> De la bibliothèque du comte Roger, du Nord.

438. BALZAC. Les œuvres de Monsieur de Balzac. *A Paris, chez Louis Billaine,* 1665, 2 vol. in-fol., mar. bleu, fil., dos orné, dent. int., tr. dor. (*B. Niédrée*).

> Seule édition complète publiée par Conrart; elle est ornée d'un portrait gravé par *Vallet*.
> Bel exemplaire très grand de marges.

439. BATAILLE (G.). Airs de différents autheurs, mis en tablature de luth par Gabriel Bataille. *A Paris, par Pierre Ballard*, 1608-1611, 3 parties en 1 vol. in-4, vélin blanc (*Rel. anc.*).

> Livres 1 à 3. Quelques mouillures.

440. BOUCHET (G.). Les Sérées de Guillaume Bouchet, sieur de Brocourt, divisées en 3 livres..... revueues et augmentées par l'autheur. Édition dernière. *A Lyon, chez Pierre Rigaud*, 1618, 3 parties en 1 vol. in-8, veau fauve, dos orné, dent. int., tr. rouges (*Rel. anc.*).

> Bonne édition de ces contes facétieux.
> Signature de Guyon de Sardière sur le titre et au verso du dernier feuillet.
> Piqûres de ver dans le bas des premiers feuillets du tome II.

441. CICERO. M. Tullii Ciceronis opera recensuit J. N. Lallemand. *Parisiis, apud Saillant & Desaint*, 1768, 14 vol. in-12, mar. rouge, fil., dos orné, dent. int., tr. dor. (*Rel. anc.*).

> Jolie édition bien imprimée.
> Bel exemplaire.

442. DICTIONNAIRE de l'Académie françoise. Quatrième édition. *A Paris, chez la veuve de Bernard Brunet*, 1762, 2 vol. in-fol., mar. rouge, fil. et larg. dent., fleurons aux angles, dos orné, dent. int., tr. dor. (*Rel. anc.*).

> Reliure ornée de la dentelle, dite du Louvre.

443. DICTIONNAIRE universel françois et latin, vulgairement appelé « Dictionnaire de Trévoux ». *A Paris, chez la veuve Delaune*, 1743-1752, 7 vol. in-fol., mar. rouge, fil., dos orné, dent. int., tr. dor. (*Rel. anc.*).

> Bel exemplaire, avec le supplément, relié par Padeloup, dont l'étiquette est sur le titre du tome premier.
> Un des plats des reliures est taché.

444. DOLET (E.). Commentariorum linguae latinae. Stephano Doleto Gallo Aurelio autore. *Lugduni, apud Seb. Gryphium*,

1536-1538, 2 vol. in-fol., mar. vert, fil., dent. int., tr. dor. (*Chaumont*).

> Ouvrage recherché :
> Le premier volume contient 38 ff. prélim. non chiff., dont le titre, dans un encadrement gravé sur bois, 1708 colonnes et un feuillet blanc au verso duquel se trouve la marque de Grypho ; le second volume contient 32 ff. prélim. non chiff., 1716 colonnes et 1 feuillet contenant au recto un avis relatif au troisième volume projeté, et au verso la grande marque de Grypho.
> Bel exemplaire très grand de marges et bien relié.

445. DOLET (E.). Le second enfer d'Estienne Dolet. — Deux dialogues de Platon. — Cantique d'Estienne Dolet. — Genethliacum Claudii Doleti. — L'avant-naissance de Claude Dolet. — Procès d'Estienne Dolet. *Paris, se vend chez Techener,* 1830. — Ens. 1 vol. pet. in-8, mar. rouge, fil., fleurons aux angles, dos orné, dent. int., tr. dor. (*Trautz-Bauzonnet*).

> Réimpression tirée seulement à 120 exemplaires ; elle est précédée de la réhabilitation d'Et. Dolet, par L. Aimé-Martin.
> Excellente reliure de Trautz.

446. DU NOIER (Mme). Apologie de madame Du Noier, où l'on réfute les calomnies dont on l'a voulu noircir. *A Petipolis, chez Jean Bavon, à l'enseigne du Crable,* 1713, 2 part. en 1 vol. pet. in-8, mar. vert, jans., dent. int., tr. dor. (*Lortic*).

> Cette édition contient le « *Mariage précipité* » satire dramatique contre M. et Mme Dunoyer, qui fut jouée à Utrecht en 1713.

447. ERASME (D.). Familiarium colloquiorum Des. Erasmi Rot. opus, ab authore diligenter recognitum, emendatum, et locupletatum, adjectis aliquot novis. *S. l. n. d. (Bâle, Froben,* 1526), in-12, allongé, mar. rouge, fil., dos orné, dent. int., tr. dor. (*Belz-Niédrée*).

> Les premières éditions de ce livre célèbre sont entourées de mystère. L'Église l'ayant mis en interdit, peu d'exemplaires de ces éditions échappèrent à la destruction. Celle-ci serait la seconde donnée par Froben à Bâle, de même que la première.
> L'épître dédicatoire d'Erasme au célèbre imprimeur bâlois est datée *Calend. Aug.* 1524. Le volume a 336 feuillets chiffrés, suivis de 30 feuillets

non chiffrés pour les scolies, un épilogue de l'auteur au lecteur daté 1526 *vii Cal. Junias Basileæ*, et un index. A la suite viennent cinq nouveaux colloques en 46 feuillets chiffrés avec un titre spécial.

C'est cette édition qui figure au catalogue Renouard (n° 2511), où elle est attribuée aux presses de Simon de Colines. Renouard la dit tellement rare, qu'il n'en a jamais vu que deux exemplaires : le sien, qui n'avait que la moitié du titre, et un autre qui n'en avait point et qui a passé en Angleterre.

Bel exemplaire très grand de marges. De la Bibliothèque Didot.

448. ÉRASME (D.), Desiderii Erasmi Roterodami colloquia, cum notis selectis variorum, addito indice novo. *Lugd. Bat., apud Adrianum Beman*, 1729, in-8, frontispice gravé, mar. rouge, fil., dos orné, dent. int., tr. dor. (*Rel. anc.*).

Exemplaire relié par Derome.

449. FAVART. Tircis et Doristée, parodie d'Acis et Galatée, par Monsieur Favart, 1757. Manuscrit in-8, mar. rouge, fil. et large dent. à petits fers, dos orné, doubl. et gardes de tabis bleu, tr. dor. (*Rel. anc.*).

Manuscrit de 66 pages, dont chacune est entourée d'un encadrement rouge.

450. FLORIAN (De). Théâtre italien de M. de Florian. *A Paris, de l'Imp. de Didot l'aîné*, 1784, 2 vol. in-18, mar. rouge, fil., dos orné, dent. int., tr. dor. (*Rel. anc.*).

2 frontispices par *Flouest*, gravés par *Guyard*.

451. LA BELLAUDIÈRE (L. de). Obros et rimos prouvenssalos, de Loys de la Bellaudiero, gentilhomme prouvenssau revioudados per Pierre Paul, escuyer de Marseillo. Dédicados as vertuouzes, et generouzes seignours Louys d'Aix et Charles de Casaulx, viguier et premier coussou, capitanis de duos galeros et gouvernadours de l'antiquo cioutat de Marseillo. *A Marseille, par Pierre Mascaron, avec permission desdits seigneurs*, 1595, 4 parties en 1 vol. in-4, mar. rouge, jans., dent. int., tr. dor. (*Duru*).

Premier livre imprimé à Marseillo.

Bel exemplaire bien complet, conforme à la description de Brunet.

Ouvrage très important pour l'histoire de la poésie provençale, il renferme le portrait de La Bellaudière, gravé sur bois, répété deux fois.

452. LA FONTAINE. Les Amours de Psyché et de Cupidon, par M. de La Fontaine. *A Paris, chez Claude Barbin,* 1669, in-8, mar. vert, fil., dos orné, dent. int., tr. dor. (*Niédrée*).

> Edition originale.
> Petit grattage au titre.

453. LA MOTTE MESSEMÉ (François Le Poulchre, seigneur de). Les sept livres des honnestes loisirs... intitulez chacun du nom d'un des planettes qui est un discours en forme de chronoviologie (sic) où sera véritablement discouru des plus notables occurances de noz guerres civiles, et des divers accidens de l'autheur. Dédié au roy, plus un meslange de divers poèmes, d'élégies, stances et sonnets. *A Paris, chez Marc Orry,* 1587, pet. in-12, vélin blanc (*Rel. anc.*).

> Volume peu commun.
> Le haut du titre est raccommodé.

454. LANCELOT (Cl.). Le Jardin des racines grecques, mises en vers françois, avec un traitté des prépositions et autres particules indéclinables, et un recueil alphabétique des mots françois tirez de la langue grecque. *A Paris, chez Pierre Le Petit,* 1657, in-12, front. gravé, mar. rouge, encad. de fil. à froid, fleurons dorés aux angles, milieu et dos ornés, dent. int., tr. dor. (*Lortic*).

> Edition originale, rare.
> Exemplaire de Firmin Didot.

455. LE JOLLE (P.). Description de la ville d'Amsterdam, en vers burlesques ; selon la visite de six jours d'une semaine, par Pierre Le Jolle. *A Amsterdam, chés Jacques le Curieux,* 1666, pet. in-12, mar. rouge, jans., dent. int., tr. dor. (*Pouillet*).

> Imprimé par P. Warnaer, d'Amsterdam.
> Se joint à la collection des Elzevier.

456. LENOBLE (?). La Cassette ouverte de l'illustre Criole, ou les amours de Madame de Maintenon. *A Villefranche, chez David Du Four (Imp. en Hollande)*, 1791, pet. in-12, mar. bleu à longs grains, fil. et dent., dos orné, dent. int., tr. dor. (*Simier*).

Joli exemplaire d'un pamphlet attribué à Lenoble.

457. MACHIAVELLI (N.). Tutte le opere di Machiavelli. *S. l.*, 1550, 5 parties, reliées en 3 vol., pet. in-4, mar. vert, fil. à froid, dent. int., doubl. de mar. rouge avec fil. et large dent., tr. dor. (*Cocheu*).

Recueil des ouvrages complets sans titre sommaire et tomaisons, appelé *alla testina*, parce qu'il porte sur chaque volume le petit portrait de Machiavelli, gravé sur bois.

Voici les titres des volumes :

Historic. — Il Principe. La Vita di Castruccio Castracani da Lucca. Il modo che tenne il duca Valentino per ammazzare Vitellozzo, Vitelli, Oliverotto da Fermo, il Signor Pagolo, et il ducca di Gravina. I Ritratti delle cose della Francia et della Alamagna. — Discorsi sopra la prima deca di Tito Livio. — I sette Libri dell' arte della guerra. — L'Asino d'oro.

Exemplaire de Luzarche.

458. MARCHANT. La Constitution en vaudevilles, suivie des droits de l'homme, de la femme et de plusieurs autres vaudevilles constitutionnels par M. Marchant. *A Paris, chez Maradan*, 1792, in-32, mar. rouge, fil., fleurons aux angles, dos orné, dent. int., tr. dor. (*Rel. anc.*).

Exemplaire imprimé sur papier vélin contenant le frontispice en épreuve avant la lettre, tirée en couleurs.

459. MARINO. L'Adone. Poema heroico del C. Marino. Manuscrit. *S. l. n. d.*, in-8, de 354 ff., mar. rouge, plats entièrement ornés de fers dorés et de compart. de fil., dos orné, tr. dor. avec fleurs ciselées et coloriées (*Rel. anc.*).

Copie manuscrite du xvii⁰ siècle dans une reliure italienne de la même époque.

460. PIRON (A.). Œuvres complettes d'Alexis Piron, publiées par M. Rigoley de Juvigny. *A Paris, de l'Imp. de M. Lambert*,

1776, 7 vol. in-8, portrait, mar. rouge, fil., dos orné, dent. int., tr. dor. (*Rel. anc.*).

Bel exemplaire imprimé sur papier de Hollande.

461. RONSARD (P.). Les Œuvres de Pierre Ronsard, gentilhomme vendosmois, prince des poètes françois... *A Paris, chez Nicolas Buon*, 1623, 1 tome en 2 vol. in-fol., mar. vert, jans., doublés de mar. vert, comp. de fil. avec large dent., tr. dor. (*Cuzin, dorure de Maillard*).

Édition très estimée donnée par Galland, dit Gallandus, principal du collège de Boncourt.

Bel exemplaire contenant les portraits de Ronsard et de sa maîtresse, de Richelet, d'Henri II, Charles IX, etc. par *Th. de Leu.*

462. SAINT-JUST. Organt, poème en vingt chants (par Saint-Just). *Au Vatican (Paris)*, 1789, 2 parties en 1 vol. in-18, mar. rouge, fil., dos orné, dent. int., tr. dor. (*Rel. anc.*).

Poème licencieux, devenu rare.

Exemplaire auquel on a ajouté une clef imprimée en caractères gravés.

D'après une note au crayon qui se trouve sur le feuillet de garde, cet exemplaire, dans lequel on remarque quelques corrections, serait celui de l'auteur.

463. SCUDÉRY (Mlle de). Nouvelles conversations de morale dédiées au roy (par Mlle de Scudéry). *A Paris, chez la Vve de Séb. Mabre-Cramoisy*, 1688, 2 vol. in-12, frontispice gravé, mar. rouge, chiffre aux angles et au dos, dent. int., tr. dor. (*Trautz-Bauzonnet*).

Édition originale.

Bel exemplaire du comte Roger du Nord, portant, au verso d'un frontispice, un envoi de l'auteur à M. de Larivière-Duplessis, gouverneur de Saint-Brieuc.

464. TORQUEMADA. Histoire en forme de dialogues sérieux, de trois philosophes, contenans plusieurs doctes discours en diverses sciences, aussi admirables que mémorables, qui n'ont encores (sic) esté mises en lumière. Le tout réduit en six journées. Nouvellement traduictes d'espagnol (de Torquemada) en françois, par G. C. T. (Gabriel Chapuis, Tourangeau). *A Rouen,*

par *Jean Roger*, 1625, pet. in-12, mar. rouge, fil., dos orné,
dent. int., tr. dor. (*Rel. anc.*).

465. **VALLON-CHALYS** (M.-E.-Cl. de). Poésies de Marguerite-
Éléonore-Clotilde de Vallon-Chalys, depuis Madame de Sur-
ville, poète français du xv⁰ siècle, publiées par Ch. Vander-
bourg. *A Paris, de l'Imp. de P. Didot l'aîné*, an XII-1804, in-12,
mar. grenat à longs grains, fil., médaillon doré au milieu des
plats, dos orné, dent. int., tr. dor. (*Thouvenin*).

> Frontispice gravé par *Fortier*, 7 figures, dont plusieurs ajoutées, et musi-
> que gravée.

466. **VANDER NOOT** (J.). Abrégé des douze livres olympiades
composez par le S. Jehan Vander Noot, patrice d'Anvers. *En
Anvers, de l'Imp. de Giles Vanden Rade*, 1574, pet. in-fol. de
12 ff. prélim. non chiff. et 87 pp., mar. vert. fil., dos orné,
dent. int., tr. dor. (*R. Petit*).

> Ouvrage en vers flamands suivi de la traduction française ; il est orné d'un
> portrait de Van Der Noot et de 17 belles figures gravées sur cuivre. Au
> verso du dernier feuillet une grande figure sur bois représentant un mau-
> solée.

467. **VOITURE.** Les Entretiens de Monsieur de Voiture et de
Monsieur Costar. *A Paris, chez Augustin Courbé*, 1654, in-4,
frontispice par Chauveau, mar. rouge, chiffre aux angles et sur
le dos, dent. int., tr. dor. (*Trautz-Bauzonnet*).

> ÉDITION ORIGINALE.
> Exemplaire du comte Roger, du Nord.

D. — HISTOIRE

468. **AUBIGNÉ** (Th. Agrippa d'). Les Avantures du baron de
Faeneste, comprinses en quatre parties. Les trois premières
reveues, augmentées et distinguées par chapitres ; ensemble la
quatriesme partie nouvellement mise en lumière : le tout par le
mesme autheur (Théodore-Agrippa d'Aubigné). *Au Dézert, imprimé aux despens de l'autheur*, 1630, pet. in-8, de 6 ff. prélim.

et 308 pp., veau fauve, fil., dos orné, dent. int., tr. dor.
(*B. Niédrée*).

Seule édition complète publiée du vivant de l'auteur.

Exemplaire du comte Roger, du Nord, contenant une note autographe
de lui sur le feuillet de garde.

L'exemplaire est court de marges en tête.

469. BRY (Th. de). Collection des grands voyages de Th. de Bry.
Édition latine, 8 tomes en 6 vol. in-fol., demi-rel., bas. jasp.
(*Rel. mod.*).

Pars I : Admiranda narratio fida tamen, de commodis et incolarum riti-
bus Virginiae nuper admodum ab Anglis, qui a Dn. Richardo Greinvile...
*Francofurti ad Mœnum, typis Joannis Wecheli, sumtibus vero Theodori de
Bry*, 1590. Titre, dédicace, avis au lecteur et texte : 34 pp. chiff. ; vivae
imagines : 2 ff. de texte, figure représentant Adam et Eve 1 f., avis au
lecteur 1 f., 23 planches, dont 1 carte de la Virginie, 1 f. blanc. Pictorum... icones : 5 ff. de texte explicatif, 5 planches, et 4 ff. non chiff.

Pars II : Brevis narratio eorum quae in Florida Americae provicia Gallis
acciderunt... quae est secunda pars Americae... *Francofurti ad Mœnum, typis
Joannis Wecheli*, 1591. Titre, dédicace, avis au lecteur : 3 ff. ; carte de la
Florida, 1 f. de privilège, 30 pp. de texte, 1 f. d'index. Indorum... eicones :
1 f. de titre, 42 planches, et 13 ff. de texte.

Pars III : Americae tertia pars, memorabilē provinciae Brasiliae histo-
riam continens... *Francofurti*, 1592. Titre, épître dédicatoire, avis au lecteur ; 4 ff. ; carte, 296 pp. chiff. de texte renfermant nombreuses figures et
7 ff. d'index. 4 ff. (Épître déd. de Stadius et préface de Dryander) manquent.

Pars IV : Americae pars quarta, sive insignis et admiranda historia de
reperta primum occidentali India a Christ. Colombo... scripta ab. H. Bezono.
Francofurti, Joh. Feyrabend, impensis *Th. de Bry*, 1594. Titre, privilège,
avis au lecteur : 4 ff. ; carte, 146 pp. chiff. de préface et texte, 1 f. blanc,
1 titre gravé et 24 planches.

Pars V : Americae pars quinta... Hieronymi Bezoni... secundae sectionis
historia. *Francofurti, Th. de Bry*, 1595. Titre gravé, 2 ff. pour la préface et
l'argument, chiff. pp. 1-4, carte de la Nouvelle-France datée de 1595, 78
pp. de texte chiffrées faussement 5 à 92, au lieu de 5-82, 2 ff. blancs,
titre gravé et 22 planches.

Pars VI : Americae pars sexta sive historiae ab Hieronymo Bezono...
Francofurti, Th. de Bry, 1596. Titre, carte de l'Amérique, 1 f. pour l'ar-
gument chiff. pp. 3-4, texte, chiff. pp. 5 à 108, plan de Cusco. Icones :
Titre et 28 planches.

Pars VII : Americae pars VII... descriptio praecipuarum quarundam

Indiae regionum et insularum... *Venales reperiatur in officina Th. de Bry*,
1599. Titre, préface et avis au lecteur : 3 ff. chiff. pp. 1-6 texte; chiff.
pp. 7 à 62, 1 f. blanc.

Pars VIII : Americae pars VIII, continens descriptionem trium itine-
rum..., 1599. Titre, carte de la Guyane, 1 f. de préface chiff. pp. 1-2.
Texte en 2 parties, chiff. pp. 3 à 78 et 1 à 99. Tabulae et images : Titre
et 18 planches.

Les 9, 10, 11, 12ᵉ et 13ᵉ parties manquent.

Exemplaire composé de planches du premier et du second tirage.

Quelques feuillets et cartes sont réparés.

470. BRY (Th. de). Collection des Petits Voyages de Th. de Bry.
Édition latine. 11 vol. pet. in-fol., demi-rel., veau fauve (*Rel.
mod.*).

Pars I : Regnum Congo... *Francofurti, exc. Wolffgangus Richter*, 1598.
Titre, dédicace et préface : 4 ff.; 2 cartes, 60 pp. chiff. de texte, 3 ff. de
l'index, 1 f. blanc. Icones : Titre et 12 planches (sur 14; les pl. 9 et 10
manquent).

Pars II. Indiae orientalis... *Francofurti, ex off. Wolffgangi Richteri*,
1599. Titre, préface, dédicace, préface de Linschot avec portrait : 6 ff.; 114
pp. chiff. de texte, 4 ff. d'index, 3 cartes et 1 pl. de monnaies. Icones :
Titre et 38 planches (le feuillet blanc manque).

Pars III. Indiae orientalis... *Francofurti, exc. Mathaeus Beckerus*, 1601.
Titre et avis au lecteur : 3 ff.; 170 pp. chiff. de texte, 5 cartes ou plans.
Icones : Titre et 58 planches, et 1 f. de table.

Pars IV. Indiae orientalis .. *Francofurti, apud Matthaeum Becker*, 1601.
Titre, dédicace et avis au lecteur : 4 ff.; 111 pp. chiff. de texte, Icones :
Titre et 21 pl.

Pars V. Indiae Orientalis .. *Francofurti, apud Matthaeum Becker*, 1601.
Titre et avis au lecteur : 3 ff.; 56 pp. chiff. ; de texte; vocabulaire malais :
4 pp. chiff. 57-60. Icones : Titre et 20 planches ou cartes (le feuillet blanc
manque).

Pars VI. Indiae Orientalis... *Francofurti ad M. ex officina Wolfgangi
Richteri*, 1604. Titre et dédicace : 3 ff.; 1 feuillet blanc, 127 pp. chiff. de
texte, Icones : Titre et 26 planches.

Pars VII. Indiae orientalis... *Francofurti typis Wolffgangi Richteri*, 1606.
Titre et dédicace : 2 ff.; 126 pp. chiff. de texte, 1 f. blanc. Icones: Titre et
22 planches et cartes.

Pars VIII. Indiae orientalis... *Francofurti*, 1607. Titre, épître au lecteur et préface : 6 ff. chiff. pp. 1-12; 102 pages de texte chiff. 13 à 114.
Icones : Titre et 18 planches (le feuillet blanc manque).

Pars IX. Indiae orientalis,... *Francofurti ex officina typogr. Wolffgangi*

Richteri, 1612. Titre et épître au lecteur : 2 ff., 49 pp. chiff. de texte, 1 feuillet blanc : Icones : Titre, 2 cartes, 1 f. d'avis au lecteur, chiff. 3 et 12 planches — SUPPLEMENTUM nonae partis Indiae Orientalis... *Francofurti, typis viduae Mathiae Beckeri*, 1613, titre, 30 pp. chiff. de texte, Colloquia latino-malaica : 58 pp. chiff. 31-88 et 1 f. blanc. Icones : Titre et 5 planches (La planche 3 est en contre-épreuve).

PARS X. Indiae orientalis... *Francofurti, typis viduae Mathiae Beckeri*, 1613. Titre et avis au lecteur : 4 ff. chiff. pages 1-8. Texte chiff. pp. 9-32. Icones : Titre, 3 cartes et 3 planches.

PARS XI. Indiae orientalis... *Oppenhemii, typis Hieronymi Galleri*, 1619. Titre et avis au lecteur : 2 ff. chiff. pages 1-4. Texte, chiff. pp. 5-62, 1 f. blanc. — Sequuntur verae et genuinae rerum praecipuarum... representationes, ad XI Indiae orientalis partem referendae : Titre et 10 planches.

La 12ᵉ partie manque :

Première édition de cette collection estimée.

Exemplaire conforme à la description de Brunet.

La planche du « *Combat naval* » entre les Hollandais et les Portugais est la XIIIᵉ du tome 8.

Quelques planches sont réparées, remargées ou remontées.

471. CAPECE (P.). L'État de la République de Naples sous le gouvernement de Monsieur le duc de Guise. Traduit de l'italien (du P. Capece) par Mᵐᵉ Marie Turge-Lorédan. *Paris, chez Fréd. Léonard*, 1679, pet. in-12, mar. vert, fil. et pet. dent. à froid, dos orné, dent. int., tr. dor. (*Bouligny*).

Petit volume peu commun dont le traducteur est Marguerite Léonard, femme de Primo Visconti, comte de San Majolo, qui s'est cachée sous l'anagramme Marie Turge Lorédan.

472. CAPELLA (Galeazzo). Galeatii Capellae de rebus nuper in Italia gestis libri octo. Habes in hisce libris, optime lector, quicquid bellorum in tota Italia ab anno Domini 1521 usque ad annum 1530... gestum est. S. l., 1533, pet. in-8 de 96 ff., mar. rouge, fil., dos orné, dent. int., tr. dor. (*Amand*).

Jolie édition imprimée en caractères italiques.
Sur le titre les signatures de Grosley et de Gouye de Longuemare.

473. CARACTÈRES (Nouveaux) de la famille roiale, des ministres d'État et des principales personnes de la Cour de France, avec une supputation exacte des revenus de cette couronne. *A*

Ville-Franche, chez Paul Pinceau (Imp. en Hollande), 1703, pet. in-12. mar. bleu à longs grains, fil. et pet. dent. à froid, dos orné, dent. int., tr. dor. (*Simier*).

474. COMMINES (Phil. de). Les Mémoires de messire Philippe de Commines, chevalier, seigneur d'Argenton ; sur les principaux faicts et gestes de Louis onzième et de Charles huictième, son filz, roys de France, reveus et corrigés pour la seconde fois, par Denis Sauvage de Fontenailles en Brie, historiographe du très-chrestien roy Henri II, de ce nom. *A Lyon, par Jan de Tournes*, 1559. in-fol., mar. bleu jans., dent. int., tr. dor. (*E. Thomas*).

> Bonne édition.

475. COMMINES (Phil. de). Les Mémoires de messire Philippe de Commines, S[r] d'Argenton. Dernière édition. *A Leide, chez les Elzéviers*, 1648, pet. in-12, titre gravé, mar. rouge, milieu doré, dos orné, dent. int., tr. dor. (*Pouget*).

> Imprimé par Bonaventure et Abraham Elzévier.
> Hauteur : o[m],134.

476. DAMBREVILLE (E.). Abrégé chronologique de l'histoire des ordres de chevalerie, depuis l'ordre de Saint Jean de Jérusalem ou de Malte en 1113, jusqu'à l'ordre royal de Hollande en 1807... par Et. Dambreville. *Paris, chez Hacquart*, 1807, in-8, mar. rouge, large dent. à petits fers, dos orné (*Rel. anc.*).

> 38 planches gravées au trait représentant la marque caractéristique des différents ordres. L'exemplaire a été placé dans la reliure d'un almanach royal de 1791, aux armes royales.

477. DAVILA (H. C.). Histoire des guerres civiles de France, contenant tout ce qui s'est passé de plus mémorable soubs le règne de quatre rois, François II, Charles IX, Henri III et Henri IV surnommé le Grand, jusques à la paix de Vervins, inclusivement, escrite en italien par H. C. Davila, et mise en françois par J. Baudoin. *A Paris, par P. Rocolet*, 1644, 2 vol. in-fol., frontispice gravé, mar. rouge, fil., dos orné, dent. int., tr. dor. (*Rel. anc.*).

> Bel exemplaire.

478. ESTAT et menu général de la dépense ordinaire de la Chambre aux deniers du roi. Année 1694. Manuscrit in-12, mar. rouge, fil., fleurs de lis aux angles, dos fleurdelisé, tr. dor. (*Rel. anc.*).

> Curieux manuscrit de 226 pages, d'une bonne écriture de l'époque.
> On y remarque : l'état des personnes qui ont droit de manger aux tables du roi, les menus de la table du roi, du chambellan, des aumôniers, etc., les marchés du vin, du linge, le prix des poissons, etc., etc.

479. ÉTAT et menu général de la dépense ordinaire de la Chambre aux deniers du roy. Année 1707. Manuscrit in-8, veau marb., fil. et fleurs de lis aux angles, dos fleurdelisé, tr. rouges (*Rel. anc.*).

> Curieux manuscrit de 248 pages d'une bonne écriture de l'époque.
> On y remarque l'état des personnes qui ont droit de manger aux tables du Roi, du chambellan, des aumôniers, etc., avec la récapitulation des dépenses, etc., etc.

480. FROISSART (Jehan). Le premier (second, tiers et quart) volu || me de messire Jehan Froissart lequel traicte des || choses dignes de mémoire advenues tant || es pays de France, Angleterre, Flan || dres, Espaigne que Escoce et au || tres lieux circonvoisins. Nou || vellement oultre les prece || dentes impressiös Im || prime à Paris || ❡ *On les vend à Paris, en la boutieque de* || *Galliot du Pré, libraire au premier pillier de* || *la grand salle du palais* || 1530 || (À la fin du 4ᵉ volume :) *Cy finist le quart et dernier volume* || *de messire Jehan Froissart sur les cro* || *niques de France, d'Angleterre, Escoce, Espai* || *gne, Bretaigne et Flandres et lieux voi* || *sins. Nouvellement imprimé à Paris* || *par Anthoine Couteau imprimeur pour* || *Galiot du Pré libraire juré de l'Universi* || *té : Et fut achevé d'imprimer le deuxies* || *me jour de septembre l'an mil cinq cens* || *trente* || , 4 parties en 1 vol. in-fol. goth. à 2 col., veau marb., dos orné, tr. rouges (*Rel. anc.*).

> 1ᵉʳ volume : titre rouge et noir dans un encadrement gravé sur bois, 5 ff. non chiff. de table, 213 ff. chiff. et 1 feuillet pour la marque de Galliot du Pré.
> 2ᵉ volume : 4 ff. non chiff. pour le titre et la table, 213 ff. chiff. et 1 feuillet pour la marque de Galliot du Pré.

3ᵉ volume : 4 ff. non chiff., pour le titre et la table, 172 ff. chiff.
4ᵉ volume : 2 ff. non chiff. pour le titre et la table, 80 ff. chiff.
Nombreuses soulignures à l'encre rouge.

481. GUYSE (Jacques de). Le Premier (second et tiers) volume des || illustrations de la Gaule B.lgique, antiquitez du pays de || Haynau et de la grād cite de Belges : a presant dicte Ba || vay dont procedent les chaussées de Brunehault. Et || de plusieurs princes q̄ ont regné ; fondé plusieurs || villes et citez au dit pays et aultres chos.s sin || gulières et dignes de mémoire advenues durāt leurs règnes iusques au duc || Philippes de Bourgongne || dernier décédé || ¶ *On les vend à Paris en la grand rue Sainct Jacques en || la boutique de Francois Regnault marchant libraire juré de || l'Université de Paris devant les Mathurins à l'enseigne de l'elephant,* 1531-1532, 3 parties en 1 vol. in-fol. goth. à 2 colonnes, veau fauve, fil. à froid, fleurons dorés aux angles, médaillon doré au milieu des plats, dos orné, tr. jasp. (*Rel. anc.*).

Cet ouvrage est un extrait des livres latins de Jacques de Guyse, par Jean Lessabée.

Le premier volume comprend 8 ff. prélim. non chiff., 148 ff. de texte et 1 feuillet blanc au verso duquel se trouve la marque de François Regnault ; le second comprend 4 ff. prélim. non chiffrés et 87 feuillets de texte ; le troisième comprend 6 ff. prélim. non chiff. et 108 ff. de texte, au verso du dernier feuillet la marque de Galliot du Pré.

Reliure du xvıᵉ siècle avec le dos refait.

482. HAMILTON (W.). Outlines from the figures and compositions upon the greek, roman, and Etruscan vases of the late sir William Hamilton ; with engraved borders. Drawn and engraved by the late Mr. Kirk. *London, published by W. Miller,* 1804, in-4, mar. bleu à longs grains, fil. et dent., dos orné, dent. int., tr. dor. (*Rel. de l'époque*).

62 petites planches en couleurs, montées sur papier fort.
Bel exemplaire.

483. HÉRODOTE. Histoire d'Hérodote, traduite du grec, avec des remarques historiques et critiques, un essai sur la chronologie d'Hérodote, et une table géographique par M. Larcher. *A Paris,*

chez Musier et Nyon, 1786, 7 vol. in-4, mar. rouge à longs grains, pet. dent., dos orné, dent. int., tr. dor. *(Rel. anc.).*

Première édition estimée ; on y trouve quelques notes de chronologie un peu hardies qui n'ont pas été reproduites dans la seconde.
Un des quelques exemplaires imprimés sur papier d'Annonay.

484. LAS CASAS (B. de). Narratio regionum Indicarum per Hispanos quosdam devastatarum verissima : prius quidem per Episcopum Bartholemaeum Casaum, natione Hispanum hispanice conscripta, et anno 1551, Hispali hispanice, anno vero hoc 1598, latine excusa. *Francofurti, sumpt. Th. de Bry et Joannis Sautii typis,* 1598, in-4, mar. rouge, comp. de fil., fleurons aux angles, dos orné, dent. int., tr. dor. *(Belz-Niédrée).*

Première traduction latine, contenant les 17 planches en premier tirage.
Cachet de bibliothèque sur le titre.

485. LA MARCHE (Ol. de). Les Mémoires de messire Olivier de La Marche, premier maistre d'hostel de l'archeduc Philippe d'Austriche, comte de Flandres. Nouvellement mis en lumière par Denis Sauvage, de Fontenailles en Brie. *A Lyon, par Guillaume Roville,* 1561, in-fol., mar. rouge, chiffre aux angles et au dos, dent. int., tr. dor. *(Trautz-Bauzonnet).*

Première édition de ces mémoires curieux.
Bel exemplaire du comte Roger, du Nord.

486. LEROUX (Ph. J.). Histoire du père La Chaize, jésuite et confesseur du roy Louis XIV, où l'on verra les intrigues secrètes qu'il a eu à la cour de France et dans toutes les cours de l'Europe pour l'avancement des grands desseins du roy son maitre, les particularités les plus secrètes de sa vie, ses amours, etc. *A Cologne, chez Pierre Marteau,* 1695, 2 vol. pet. in-12, portrait ajouté, mar. rouge, fil., dos orné, dent. int., tr. dor. *(Rel. anc.).*

Bel exemplaire de ce pamphlet attribué à Ph.-Jos. Leroux.

487. LÉRY (J. de). Histoire d'un voyage fait en la terre du Brésil, autrement dite Amérique. Contenant la navigation, et choses

remarquables, veues sur mer par l'auteur : *Le comportement de Villegagnon en ce païs la, les mœurs et façons de vivre estranges des sauvages amériquains : avec un colloque de leur langage. Ensemble la description de plusieurs animaux, arbres, herbes, et autres choses singulières. et du tout inconnues par deça... Le tout recueilli sur les lieux par Jean de Léry... S. l. (La Rochelle), pour Antoine Chuppin.* 1578, pet. in-8, de 24 ff. prélim. non chiff., 424 pp., 6 ff. non chiff. de table et 1 f. pour l'errata, mar. rouge, comp. de fil. droits et courbes, fleurons aux angles. dos orné, dent. int., tr. dor. (*Lortic*).

Première édition fort rare ; elle est ornée de 6 curieuses figures gravées sur bois.

488. LINSCHOT (J.-H. de). Histoire de la navigation de Jean-Hugues de Linschot, hollandois. aux Indes orientales, contenant diverses descriptions des lieux jusques à présent descouverts par les Portugais : observations des coustumes et singularitez de de la. et autres déclarations. Avec annotations de B. Paludanus. Deuxième édition augmentée. *A Amsterdam, chez Jean Everts: Cloppenburch.* 1619, in-fol., mar. brun, jans., dent. int., tr. dor. (*Chambolle-Duru*).

Titre gravé, portrait de Linschot, 30 planches et 11 cartes ou plans.
A la suite : Le grand routier de mer, de Jean-Hugues Linschot. *A Amsterdam,* 1619, titre gravé. — Description de l'Amérique et des parties d'icelle comme de la Nouvelle-France, Floride, des Antilles, etc. *A Amsterdam,* 1619, vignette sur le titre et 1 carte.
Bel exemplaire de ce recueil recherché, devenu rare.

489. MATTHIEU (P.). Histoire de France et des choses mémorables. advenues aux provinces estrangères durant sept années de paix, du règne de Henri IV, roy de France et de Navarre, divisée en sept livres (par Pierre Matthieu). *A Paris. chez Jamet Métayer.* 1605, 2 tomes en 1 vol. in-4, réglé, mar. rouge, comp. de fil. et dent., au milieu des plats médaillon doré d'après un dessin d'E. Delaulne, dos orné, tr. dor. (*Rel. anc.*).

Ouvrage recherché ; les gardes de la reliure sont modernes.

490. PACARD (A.). Le Mercure d'Allemagne ou suite du Mercure

françois contenant tout ce qui s'est passé en l'Empire, France, Espagne, Angleterre, Italie, Pays-Bas, Grisons, Pologne, Turquie et autres lieux jusques à présent. *A Paris, chez Rolin Baragnes*, 1622, in-8, mar. vert, fil., dos orné, dent. int., tr. dor. (*Rel. anc.*).

Livre rare. Sur le titre la signature de *Hugues Picardet*.

491. PHILOSTRATI LEMNII senioris historiae de vita Appollonii Tyanei libri octo. Alemano Rhinuccino Florentino interprete. Eusebius contra Hieroclem, qui Tyaneum Christo conferre conatus est. Zenobio Acciolo florentino interprete. Omnia haec ad graecam veritatem diligenter castigata, et restituta, adjectis ubi opus esse videbatur, annotatiunculis. *Parisiis, apud Petrum Beguin*, 1555, in-16, réglé, veau fauve, fil., plats semés de molletes d'éperon, dos orné, tr. dor. (*Rel. anc.*).

Jolie édition imprimée en caractères italiques.

Jolie reliure du seizième siècle portant sur le premier plat, dans un petit médaillon, cette devise « *Patriae et Amicis* » et sur le second la date 1568 en chiffres romains.

492. RABUTIN (R.). Les Mémoires de messire Roger de Rabutin, comte de Bussy (années 1634 à 1666), lieutenant général des armées du roy et mestre de camp général de la cavalerie légère. *A Paris, chez Jean Anisson*, 1696, 2 vol. in-4, mar. bleu, fil., dos orné, dent. int., tr. dor. (*Duru*).

Beau portrait gravé par *Edelinck*, d'après *Le Fébure*.

493. RUFFI (A. de). Histoire des comtes de Provence, enrichie de leurs portraits, de leurs sceaux, et des monnoyes de leur temps, qui n'avoient pas encore veu le jour, par M. Antoine de Ruffi. *A Aix, chez Jean Roize*, 1655, in-fol. mar. rouge, fil., milieu orné d'un médaillon de feuillage, dos orné, tr. jasp. (*Rel. anc.*).

Volume orné de nombreux portraits en médaillon, gravés par *Frosne*, et de figures de sceaux.

494. RUFFI (A. de). Histoire de la ville de Marseille, contenant

tout ce qui s'y est passé de plus mémorable depuis sa fondation, durant le tems qu'elle a été république et sous la domination des romains, bourguignons, visigots, ostrogots, rois de Bourgogne... recueillie de plusieurs auteurs grecs, latins, françois, italiens, etc., par feu M. Antoine de Ruffi. Seconde édition augmentée et enrichie de quantité d'inscriptions, sceaux, monnoies, etc., par ledit sieur de Ruffi et L. A. de Ruffi son fils. *A Marseille, par Hénri Martel,* 1696, 2 tomes en 1 vol. in-fol., mar. rouge, fil., fleurs de lis aux angles, dos orné, tr. dor. (*Rel. anc.*).

Aux armes de la ville de Marseille.

496. TALLEMANT DE RÉAUX. Les Historiettes de Tallemant des Réaux. Troisième édition entièrement revue sur le manuscrit original et disposée dans un nouvel ordre, par M. M. de Monmerqué et Paulin Paris. *Paris, chez J. Techener,* 1854-1860, 9 vol. in-8, mar. rouge, fil., dos orné, dent. int.. tr. dor. (*Capé*).

Bel exemplaire imprimé sur PAPIER VERGÉ.

496. VULSON (M.). Le vray théâtre d'honneur et de chevalerie ou le miroir héroïque de la noblesse. contenant les combats ou jeux sacrez des grecs et des romains, les triomphes, les tournois, les joutes, les pas, les emprises ou entreprises, les armes, les combats à la barrière... avec le formulaire d'un tournoi tel qu'on le pourroit faire à présent avec les armes dont les gentils-hommes se servent à la guerre. Le tout enrichy de figures en taille-douce sur les principales matières, par M. Marc Vulson, sieur de la Colombière. *A Paris, chez Augustin Courbé,* 1648, 2 tomes en 1 vol. in-fol., vélin blanc, plaque à froid au milieu des plats (*Rel. anc.*).

Bel exemplaire d'un ouvrage recherché ; un des plus complets sur les carrousels, tournois, joutes, duels, triomphes, etc., au moyen âge ; il est orné d'un beau portrait de l'auteur par *Nanteuil,* répété à chaque volume, et de belles figures par *Chauveau* et autres, gravées par *Regnesson,* etc.

Une de ces planches représente le carrousel donné sur la Place royale les 5, 6 et 7 avril 1612.

IV. — PORTEFEUILLES, RELIURES

497. Portefeuille de Fabre d'Églantine. Grand portefeuille en mar. rouge orné d'une dent. à petits fers, serrure en argent, rabat doublé de mar. vert avec semis de fleurs, intérieur de toile rose.

Ce portefeuille a figuré à l'exposition rétrospective de la ville de Paris en 1900.

498. Portefeuille de M. Tiron, secrétaire de l'ordre de Malthe, mar. rouge, fil. à froid, rabat semé de fleurs et dent., doublé de satin bleu, serrure en argent, sans clef.

Portefeuille fatigué.

499. Grand portefeuille à estampes, in-fol., mar. rouge mesurant 0,58 × 0,43, aux armes de Colbert, marquis de Seignelay.

500. Reliure in-4, mar. rouge, orné de la dent. du Louvre, aux armes de BERTIN, lieutenant-général de police de la ville de Paris.

Cette reliure peut faire un joli buvard.

501. Reliure pet. in-4, mar. rouge, dent. fleurdelisée aux armes de la comtesse d'Artois.

502. Volume gr. in-fol., mar. rouge, large dent., aux armes royales, avec inscription « *Imprimerie Royale* ».

Ce volume qui mesure $0^m,75$ sur $0^m,55$ a été transformé en boîte et consolidé par une armature en cuivre.

Une grande fleur de lis qui se trouvait aux angles des plats a été remplacée par un fleuron.

---

503. Recueil de cartes de visite, adresses françaises, italiennes, anglaises, allemandes, etc., de la fin du xviiie siècle et du commencement du xixe. en 1 vol. in-4, cartonné.

Curieux recueil de 215 cartes de visite gravées et ornementées, la plupart d'origine italienne, elles représentent des monuments de Rome et de Venise. Quelques-unes sont gravées par *R. Morghen, Denon, Chr. de Méchel.* etc. ; un certain nombre sont tirées en couleurs. Parmi les cartes françaises on remarque les noms du marquis de Noailles, duchesse de Polignac. comte de Vaudreuil, comte de Bellegarde, etc.

TABLE DES MATIÈRES

ORDRE DES VACATIONS

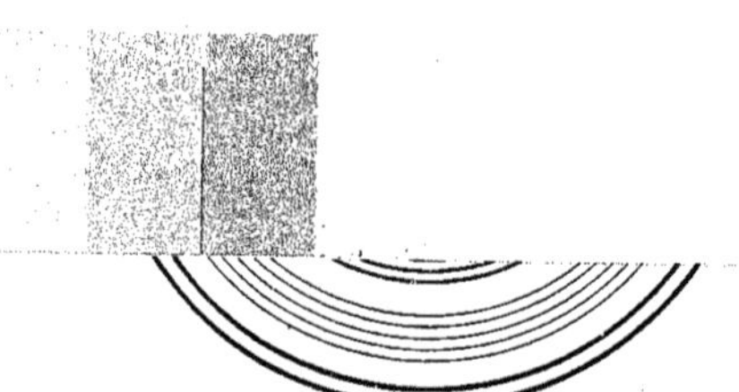

SERVICE   PHOTOGRAPHIQUE

9 782014 464948